Paul Deitenbeck

Botschaften von der anderen Seite

Paul Deitenbeck

Botschaften von der anderen Seite

Typische Predigten von Paul Deitenbeck

R. BROCKHAUS VERLAG WUPPERTAL

ABCteam-Bücher erscheinen in folgenden Verlagen:

Aussaat Verlag Neukirchen-Vluyn
R. Brockhaus Verlag Wuppertal
Brunnen Verlag Gießen und Basel
Christliches Verlagshaus Stuttgart
Oncken Verlag Wuppertal und Kassel

Umschlaggestaltung: Dietmar Reichert, Dormagen
Satz: Werbe- & Verlagsgesellschaft mbH, Grevenbroich
Druck: Wiener Verlag, Himberg/Österreich
ISBN 3-417-11690-2
Bestell-Nr. 111 690

INHALT

Vorwort 7

»Christus ist mein Suma tana« 13
Jugendgottesdienst am 17. Juli 1949

Der Erntetag des Lebens 20
Jugendgottesdienst am 2. Oktober 1949

Gottes Zeit ist immer die allerbeste Zeit 29
Jugendgottesdienst am 6. August 1950

Alles und in allen Christus 39
Predigt zur Einführung in das Gemeindepfarramt am 13. Juli 1952 in der Erlöserkirche, Lüdenscheid

Zu Christus kommen heißt nach Hause kommen 45
Rundfunkpredigt am 11. Oktober 1953

Gott will Familie 51
Jugendgottesdienst am 2. Mai 1954

Die Zeichen der Zeit erkennen 59
Jugendgottesdienst am 15. Februar 1959

Einmal wird Gott alles wandeln 70
Jugendgottesdienst am 15. November 1959

Gott gibt Kraft, ein Licht zu sein 78
Jugendgottesdienst am 3. September 1961

Das Leitmotiv unseres Lebens 88
Jugend- und Posaunengottesdienst am 7. Oktober 1962

Der wichtigste Besuch der Weltgeschichte 94
Jugendgottesdienst am 2. Dezember 1962

Von der Würde der Kinder Gottes 103
Jugendgottesdienst am 6. Januar 1963

Jauchzet dem Herrn alle Welt! 112
Jugendgottesdienst am 5. Mai 1963

Eine Bereitschaft – eine Begegnung – ein Bekenntnis 120
Jugendgottesdienst am 2. Februar 1964

Dass Jesus siegt, bleibt ewig ausgemacht! 129
Jugendgottesdienst am 5. April 1964

Allein auf Jesus blicken 138
Jugendgottesdienst am 7. Februar 1965

Die vierfache Gnade 147
Jugendgottesdienst am 7. März 1965

VORWORT

Liebe Leserinnen und Leser,

im vergangenen Jahr, im Sommer 2000, sprach mich eine Mitarbeiterin meines Vaters aus alten Zeiten an: Bei ihr im Keller habe sie noch drei Aktenordner mit ca. 250 Predigten meines Vaters. Sie stammten aus Jugendgottesdiensten der Jahre 1949 bis 1965; ob ich sie haben wolle. Sie hatte sie damals jeweils vom Tonband abgetippt. Ich wollte sie haben, denn ich war schon angesprochen worden, ob wir nicht Predigten meines Vaters herausgeben sollten.

Ich erzählte unserem Vater von meinem Vorhaben. Der sträubte sich wochenlang, bis er eines Tages (noch vor seiner Erkrankung) sagte: Ich habe es mir überlegt und bin einverstanden. Mein Wunsch ist, dass der Titel lautet: »Botschaften von der anderen Seite«.

Damals haben wir noch nicht gewusst, dass zum Zeitpunkt der Veröffentlichung dieser Titel geradezu doppeldeutig sein würde. Denn nun ist mein Vater selbst einer, den wir auf der anderen Seite wissen. Wir sind von Herzen bei seinem gewünschten Titel geblieben, denn er trifft seine Verkündigung in diesen Predigten. In der Zeit von 1949 – kurz nach seiner Heimkehr aus vierjähriger Kriegsgefangenschaft – bis 1965 hielt er als Jugendpfarrer einmal im Monat so genannte Jugendgottesdienste in Lüdenscheids Stadtkirchen, zu denen Hunderte von Menschen aller Altersgruppen strömten. Ich war in dieser Zeit noch ein Kind. Als ich seine Predigten von damals jetzt las, habe ich gestaunt darüber, wie typisch sie für seine Art zu predigen sind. Eine Auswahl liegt in diesem Buch vor.

Nach dem Heimgang meines Vaters fanden wir unter seinen vielen schriftlichen Unterlagen auch eine von ihm selbst verfasste Biografie, die er für irgendeinen Anlass geschrieben hatte. Sie soll hier in vollem Umfang abgedruckt werden, weil sie einen lebendigen Eindruck von ihm wiedergibt, auf dessen Hintergrund man die Predigten umso besser versteht.

Gottes Türen still sich weiten

Auf engstem Raum fing es an. Lüdenscheid ist meine Vaterstadt, in der ich 1912 geboren wurde. Ich habe meine Heimat lieb. Trotz vieler Reisen in aller Herren Länder ist mir keine Stadt so teuer wert als meine Vaterstadt, inmitten der sauerländischen Berge und Täler. Gott schenkte mir ein Elternhaus, das geprägt war vom Frieden Gottes, von dem Rhythmus von Dienst und Freude. Es war ein Haus an der Sonne, mit einer fröhlichen Geschwisterschar. Jeden Morgen las mein Vater, ehe er zur Fabrik ging, in seiner Stillen Zeit ein Kapitel aus der Bibel. So etwas vergisst man nicht. Meine Eltern waren Kinder einer Erweckung, die Gott um das Jahr 1890 über Berge und Täler des Sauerlandes kommen ließ. Erfasst von dieser Bewegung waren meist Arbeiter, Bauern und Kaufleute. Es entstand das Vereinshaus Immanuel, das unsere geistliche Heimat wurde, in dem die Landeskirchliche Gemeinschaft Philadelphia, der CVJM und das Blaue Kreuz ihre Gemeinschaftsräume hatten. Jedes Jahr feiern die drei Vereine das so genannte Hausfest, bei dem sie gemeinsam im Dank gegen Gott, in der Bezeugung des Evangeliums und fröhlicher Tischgemeinschaft zusammen sind.

Unvergesslich ist die Zeit im Kindergarten Wiesmannstraße, den Vater Bodelschwingh noch persönlich Ende des vorigen Jahrhunderts eingeweiht hatte. Die nächsten Stationen waren Volksschule und Zeppelingymnasium. Originelle Lehrergestalten haben sich mir tief eingeprägt. Darunter waren Persönlichkeiten, die mir Leitbilder wurden. Vor allem der Deutsch- und Religionsunterricht bei Studienrat Borchers fanden einen starken Widerhall in meinem Herzen. Elternhaus, Schule und das

Leben im Vereinshaus Immanuel, aber auch der Kindergottesdienst, manche Gemeindegottesdienste und Evangelisationen legten die Gleise für meine Berufswahl.

In Münster, Tübingen und Berlin verlebte ich meine Studentenzeit. Gleich am Anfang des Studiums fand ich Kontakt zur Deutschen Christlichen Studentenvereinigung. Hier kam ich mit Studenten aller Fakultäten zusammen, deren Gemeinschaft als Mitte das Evangelium von Jesus Christus hatte. Schönste Erinnerungen binden mich an die Studentenzeit, von der innersten Gemeinschaft des Glaubens an über geistigen Austausch bis hin zu guter Geselligkeit, Spiel und Sport. Zwischendrin taten wir unseren missionarischen Dienst unter den Studenten sowie Besuchsdienst in den Kliniken, in der »Herberge zur Heimat« und anderen. An viele meiner Professoren denke ich mit großer Dankbarkeit. Vor allem die Professoren Otto Schmitz in Münster sowie in Tübingen Karl Heim, Adolf Schlatter und Heinrich Rengstorf führten mich in die Weite theologischen Denkens und christlichen Lebens. Ich spürte diesen Männern ab, dass Lehre und Leben eine Einheit waren.

Meine Vikariatszeit verlebte ich in Lüdenscheid bei Pastor Walther Baudert, dem späteren Bischof der Herrnhuter Brüdergemeinde, und bei Pastor Erich Schnepel in der Berliner Stadtmission. Beide Vikariatsväter wurden mir ein Leben lang zu Freunden. Hilfsprediger wurde ich im Ravensberger Land, später dann Synodaljugendpfarrer für den Kirchenkreis Bielefeld. Diese ganze Zeit war überlagert vom Ernst des Kirchenkampfes im Dritten Reich, der mich in die Reihen der Bekennenden Kirche führte. Es ging schon damals um die große Entscheidung, ob die Christusbotschaft in ihrem vollen biblischen Reichtum unverkürzt verkündigt werden sollte oder nicht. Zugleich überschattete der Zweite Weltkrieg Leben und Dienst. Ich blieb auch darin meiner Heimat treu, dass ich eine Jugendmitarbeiterin aus Lüdenscheid heiratete, mit der mich nun schon über 40 Jahre eine glückliche Ehe verbindet. Als Peilfunker wurde ich zur Luftwaffe eingezogen. Mein erster Feldwebel in Augsburg war D. Helmut Claß, der spätere Württembergische Landesbischof und Ratsvorsitzende der EKD. Ich war als Soldat immer im Osten und erlebte und durchlitt die russische Kriegsgefangenschaft in Nikolajew und Moskau. Das wurde die zweite Hochschule meines Lebens.

Nach meiner Heimkehr aus Moskau im Herbst 1948 begann mein eigentlicher kirchlicher Dienst in Gemeinde und Kirchenkreis Lüdenscheid unter väterlicher Begleitung von Superintendent Walter Köllner. Eine unbeschreiblich schöne, aber auch anfechtungsreiche Zeit brach nun für mich im Raume der Jugendarbeit an, der Studentengemeinde, der Volksmission und Seelsorge und der Fabrikmission. Ab Sommer 1952 wurde ich Pfarrer an der Kreuzkirche, deren Gemeinde mir zur mittragenden und Mut machenden Glaubensheimat wurde. Getragen von dem Vertrauen und der Geduld der Pfarrbrüder, der Presbyter und Mitarbeiterinnen und Mitarbeiter sowie der Gemeinde weitete sich der Dienst nun aus bis zu gesamtkirchlichen Aufgaben in der Zeltmission, der Evangelischen Allianz, dem Gnadauer Verband und der Tersteegenkonferenz. Dazu kam im wachsenden Maße die Arbeit in den Reihen der Bekenntnisbewegung »Kein anderes Evangelium« im Kampf um die unverkürzte Tatsachenbotschaft von dem gekreuzigten und auferstandenen Herrn. Ob auf Bekenntnistagen oder Gemeindetagen unter dem Wort, anfangs auch auf den Kirchentagen, war immer dies das Thema: den großen Jesusnamen einer unheimlich gewordenen Welt in der Gewissheit zu bezeugen, dass Jesus selbst sich durch unser Zeugnis in den Herzen der Menschen bekannt macht. Alles im Sinn des Verses von Zinzendorf:

Unsere Freude bis zum Sterben,
Seelen für das Lamm zu werben.

»Alles Wesentliche im Leben ist Begegnung«, hat Martin Buber gesagt. Das ist ein wahres Wort. Und Gott sorgt dafür, dass diejenigen Menschen, die wir brauchen, zur rechten Zeit in unserem Leben erscheinen. Je älter ich wurde, umso mehr wurde es mir wichtig, mir im Dienst des Reiches Gottes nicht selber die Tür aufzumachen. Wir brauchen nicht selber Schicksal zu spielen, sondern Gottes Führungsgeheimnis steuert unser Leben und interveniert auch in Engpässen und Durststrecken zu unserem Besten.

Paul Deitenbeck

1990 feierte er noch mit meiner Mutter die Goldene Hochzeit. Nachdem wir im Sommer 1997 als ganze Familie (die Eltern, die beiden Töchter samt Schwiegersohn und den drei Enkelkindern) zum 85. Geburtstag unseres Vaters gemeinsam Sommerurlaub auf Amrum gemacht hatten, erkrankte unsere Mutter an Darmkrebs. Sechs Monate später, am 13. Februar 1998, ging sie mit 85 Jahren nach schwerstem Krebsleiden heim. Die drei Jahre, die danach bis zum Tod unseres Vaters folgten, beschrieb er immer wieder als sein drittes Hochschulstudium: Die Witwerschaft.

Er hatte unendliche Sehnsucht nach ihr, hielt sich aber daran fest: Sie hat es besser als wir und sehnt sich nicht nach uns zurück. Er lebte aus dem Vertrauen: Gott hat es mir zugemutet, jetzt hat er auch einen Weg für mich. Aus diesem inneren Ja fand er die Kraft zu seinem Weg. Er entschied, nicht zu einer seiner beiden Töchter zu ziehen, sondern blieb auch nachts allein im Haus wohnen. Als ich einmal in Sorge war, sagte er fröhlich, getrost und aufmunternd: »Monika, ich bin doch in Jesu Händen geborgen.« So lernte er mit 85 Jahren kochen, und tat dies bis zu seinem Heimgang jeden Mittag. Drei Jahre lang war ich jeden Morgen eine Stunde bei ihm und hatte das große Vorrecht, in den intensiven Gesprächen noch einmal besonders von ihm geprägt zu werden.

Sechs Wochen vor seinem Tod erkrankte er an Prostatakrebs. Bis dahin hielt er mit seinen 88 Jahren Woche für Woche am Dienstag vor 50 bis 60 Leuten seinen Bibelabend. Er war eine Abrahamsgestalt und hatte bis zuletzt mit hellwachem Geist und

Verstand und unendlicher Aufgeschlossenheit Gewaltiges zu sagen. Im Jahr seines Heimganges hat er noch drei beeindruckende Gottesdienste gehalten.

Und dann schenkte es ihm Gott, dass er nicht an der Krebskrankheit starb, sondern am Morgen des 1. Adventssonntags, dem 3. Dezember 2000, einfach morgens nicht mehr wach wurde. Noch war er nicht wirklich bettlägerig und vermochte in Würde bis zuletzt Anteil zu nehmen an den Menschen, die ihn bewegten. Täglich betete er für mehrere hundert Menschen, die auf seiner Fürbittenliste standen. Der Tag vor seinem Tod war der erste Tag, an dem er sich nicht meldete bei einer Reihe von Menschen, die er täglich anrief, um sich nach ihrem Ergehen zu erkundigen.

Gott hat sich selbst übertroffen mit dem Zeitpunkt und der Art und Weise, wie er ihn heimgerufen hat. Das Vermissen ist unendlich, das Heimweh auch, die Dankbarkeit auch, die Freude für ihn auch. Jetzt geht es ihm so, wie er es so oft von meiner Mutter gesagt hat: Er hat es besser als wir und sehnt sich nicht zurück.

Monika Deitenbeck-Goseberg

»Christus ist mein Suma tana«

Jugendgottesdienst am 17. Juli 1949

Predigttext: *Johannes 3,1-16*

Freude, Freude über Freude! Christus wehret allem Leide,
Wonne, Wonne über Wonne! Christus ist die Gnadensonne!

Liebe Gemeinde!

Vor wenigen Tagen hörte ich in Gelsenkirchen von dem Glaubenszeugnis einer jungen Inderin. Als sie gefragt wurde, was ihr Christus bedeute, da sagte sie nur einen Satz: »Christus ist mein Suma tana.« – Was ist damit gemeint? Da erzählte sie von den Tagen ihrer Kindheit, wo sie Wasser holen musste von den Brunnen vor der Stadt. Die Mädchen trugen die Krüge auf ihren Köpfen und hielten sie mit beiden Händen fest. So mussten sie an einer langen Mauer entlanggehen, und an dieser Mauer waren alle hundert Meter Einbuchtungen angebracht, so dass der Mensch, der eine so schwere Last tragen musste, seinen Tonkrug einen Augenblick in die Einbuchtung stellen konnte. Und diesen Ausruhplatz nannte man Suma tana. Jesus ist mein Suma tana! Als ich Jesus erkannt habe, da bin ich die große Last meines Lebens losgeworden, da habe ich die Stelle in der Ewigkeit gefunden, wo ich alle Last los und frei werden kann.

Ob Nikodemus auch so empfunden hat? Wie kann sonst so ein akademisch gebildeter Mensch bei Nacht zu Jesus kommen! Es war mehr als die Furcht vor den Autoritäten, die den Meister verachteten. Es trieb ihn etwas ganz anderes, dass er zur Nacht zu Jesus kam. Es trieb ihn dazu, weil er einfach durch die Begegnung mit diesem Christus mit seinem ganzen Leben in Frage gestellt war und weil er erkannte, wenn es einen Menschen gibt, zu dem ich mit allem kommen kann, dann muss es dieser Jesus sein. Darum ging er zu einer so unhöflichen Besuchszeit zu ihm. Das ist das Erste:

1. Christus ist der, zu dem ich mit allen Verschwiegenheiten meines Lebens kommen kann.

Das ist das Merkwürdige, dass, wenn Menschen zusammen sind, von allem Möglichen gesprochen wird, von Wind und Wetter, Sport, von Politik, Beruf, Lohn, Akkord, Berufsaussichten usw. Aber die eigentlichen Themen ihres Lebens, das, was der Einzelne an Lust und Last mit sich trägt, das gilt als verschwiegenes Thema vor und unter den Menschen. Darum ist der Mensch in Wirklichkeit einsam. Die Bibel sagt es schon auf den ersten Blättern: »Unstet und flüchtig sollst du sein«, das heißt ruhelos und ungeborgen. Das gilt auch für die modernen Zeiten.

Auch Nietzsche schreibt:

Die Krähen schrein
Und ziehen schwirren Flugs zur Stadt:
Bald wird es schnein. –
Wohl dem, der jetzt noch Heimat hat.

Vor wenigen Wochen fand ein Kongress für Nervenärzte statt. Es wurde da festgestellt: In Deutschland gibt es 1,5 Millionen seelisch kranker Menschen. Dabei wurde auch ein Grund dieser seelischen Krankheiten genannt: Der entscheidende Grund ist die Ungeborgenheit des modernen Menschen. Diese wirklich seelisch Kranken, das ist nur ein Teil von uns allen, das sind nur die, die in den Sprechzimmern der Nervenärzte statistisch erfasst werden. In Wirklichkeit besteht nur eine schmale Grenze zwischen denen und den anderen, die mit dem Leben auch nicht fertig werden.

Es gibt deutliche Zeichen dafür, dass der moderne Mensch sich seiner Einsamkeit bewusst geworden ist. Furtwängler hat einmal gesagt: »Das Schicksal des modernen Menschen ist, dass er auf dem

Boden der atonalen Musik steht.« Er hat kein harmonisches Fundament. Das ist die Not des Menschen aller Zeiten, aber des modernen Menschen in besonderer Weise, dass er den Grund verloren hat, der ihn trägt. Er geht in Einsamkeit seinen Weg. Nur Jesus ist der, bei dem wir mit den ganzen Verschwiegenheiten unseres Lebens zur Ruhe kommen können.

2. Aber diese Begegnung mit Jesus ist eine Stunde, die wir nicht in unserer Hand haben.

Das sehen wir aus vielen Beispielen der Schrift. Es kann nämlich keiner von sich aus sagen: Diese Begegnung will ich herbeiführen. Das ist immer wieder ein wunderbares Ereignis, wenn in ein Menschenleben die Gestalt Jesu so eintritt, dass er erkennt: Jetzt habe ich es mit dir zu tun. Das kommt oft so unvermittelt, dass ein Mensch davon überfallen wird.

Der Kämmerer, der Finanzminister aus Afrika, sitzt in seiner Reisekutsche. Auf der Rückreise geht ihm die Wirklichkeit Jesu auf durch die Begegnung mit Philippus.

Paulus ist auf dem Wege, um ein paar Christen in Damaskus dem Todesurteil auszusetzen. Er hat Unterlagen in Händen, um sie verhaften zu können, und auf dem Wege nach Damaskus überfällt ihn die Wirklichkeit Christi. Das kommt als etwas, womit er gar nicht gerechnet hat, über ihn.

August Winnig erzählt in seinem »Gespräch vom Glauben«, dass er eines Tages am Schreibtisch von der Erkenntnis überwunden wurde: Ich bin ein verlorener Mensch – und im gleichen Augenblick von dem frohmachenden Glauben: Christus ist der Einzige, der mir helfen kann.

Der Wind weht, wo er will. Merkst du eine Bewegung von Christus her, die dich vielleicht in dieser Stunde erreicht? Sie kann herrühren von tiefen Erschütterungen deines Lebens, von der Erinnerung an Gelübde, die du vielleicht einmal in der Not getan hast. Die Begegnung mit Christus ist eine Stunde, die wir nicht in der Hand haben.

3. Die Begegnung mit Christus soll die Geburtsstunde eines neuen Lebens werden.

Darum liegt über jeder Verkündigung des Evangeliums ein geheimnisvolles Wehen, eine geheimnisvolle Frage an die Ewigkeit: Was wird in dieser Stunde von Gott her geschehen in der Welt der unsichtbaren Dinge durch die Begegnung mit Christus in dem einen oder anderen Menschen?

Seht, wo nämlich Christus wirklich vor einen Menschen hintritt, wenn ein Mensch die Botschaft hört, dann ist das nicht eine Bekanntschaft, die ich in die Reihe der anderen Bekanntschaften stellen kann. Nein, diese Begegnung verändert mit einem Schlage mein ganzes Leben. Das bringt neues Leben, das hat durchschlagende Wirkung!

Da steht Petrus vor einer Menge von Menschen und verkündigt ihnen die Botschaft von Jesus, und während er spricht, kommt die Macht des Heiligen Geistes, des Geistes Gottes, über sie. Wäre das in unseren Tagen einmal wieder der Fall, dass die ganze Muffigkeit ausgefegt würde und es ginge der Geist der ersten Zeugen und der Geist der ersten Liebe über die Menschheit! Da fiele es wie Schuppen von ihren Augen: Entweder Gnade oder Untergang! Entweder weiter mit Christus oder in den Untergang. Da werden sie gerufen, neugeboren aus Wasser und Geist, sagt Jesus, aus Taufe und Glaube. Diese Übergabe an den Herrn wird das Geheimnis eines neuen Lebens.

Genau so ging es bei dem Kämmerer: »Was hindert's, dass ich mich taufen lasse?« Es war ein feines, tiefes Bild, dass der Mensch früher bei der Taufe ganz untergetaucht wurde. Damit wurde gezeigt: Das, was jetzt untertaucht, ist ein gestorbener Mensch, aber das, was jetzt aus dem Wasser herauskommt, das ist das neue Leben.

Wie mag dieses Bild so Großes bewirken? Wie mag Wasser solche großen Dinge tun? Es nicht das Wasser, nein, es ist der Herr, der aus solchem Bild so etwas tut. Wir dürfen nicht einfach die Aussagen des Neuen Testaments automatisch übertragen auf die heutige Situation der Kindertaufe. Aber das gehört zusammen, dass nämlich der Mensch, der sich einmal von Jesus rufen lässt, im Grunde zu dem zurückkehrt, was damals in der Taufe mit ihm geschehen und was ihm per du gesagt ist: »Fürchte dich nicht, denn ich habe dich erlöst; ich habe dich bei deinem Namen gerufen; du bist mein!«

Darum sagt Jesus: »Es sei denn, dass jemand geboren werde aus Wasser und Geist, so kann er nicht in das Reich Gottes kommen.«

Dieses Wunder, dieser Moment liegt nicht in unserer Hand. Das ist ein Geheimnis, das ist ein Von-oben-herab-gerufen-Werden, das ist ein Erkennen, das ist ein Neu-bewegt-Werden. Da hast du auf einmal einen Zug zum Wort Gottes hin, da zieht es dich zu den Brüdern, es treibt dich, ihnen wohl zu tun, es bringt dich um Jesu Willen dazu, Freude zu machen. In dein Leben kommt ein neues Gesetz. Das ist ein großes Geheimnis. Du weißt nicht mehr, woher es kommt und wohin es geht.

4. Der Schritt ins neue Leben ist der Gang zum Kreuz.

Es könnte jetzt jemand sagen: Ich kann ja nichts daran machen – warten wir also den Wind ab! Das ist das Geheimnis: Wenn du so sprichst, dann bist du schon gerufen, schon jetzt betroffen. Das ist das Wunder: Da, unter der Botschaft, da, wo Jesus selbst seine Gegenwart verheißen hat, da geschehen diese Wunder, dieses In-seine-Gewalt-Nehmen, das wirbt, das treibt in die Enge, das macht gewaltig still vor ihm. »Also hat Gott die Welt geliebt, dass er seinen eingeborenen Sohn gab, auf dass alle, die an ihn glauben, nicht verloren werden, sondern das ewige Leben haben.«

Jesus drückt das an einem alttestamentlichen Bild und Gleichnis aus. Da wird uns berichtet, dass Menschen durch ein Gericht Gottes von bösen Schlangen vergiftet wurden. Da hat Gott unbegreiflicherweise das Bild einer ehernen Schlage aufgerichtet. Dieses Gleichnis nimmt nun Jesus für seinen eigenen Tod, »so muss der Sohn des Menschen erhöht werden, damit jeder, der an ihn glaubt, ewiges Leben habe.«

»Also hat Gott die Welt geliebt.« Daran hing bei diesen Vergifteten ihr Leben, an diesem Blick zur Schlange.

Wodurch wird das neue Leben? Durch den Gang des Herzens zum Kreuz, zu dieser Zentrale der Weltgeschichte, da ein für alle Mal Gott über uns entschieden hat.

Bei diesem Gang erkennen wir: Ich bin einer, der zu dem nicht passt; der keine Möglichkeit der Selbstentschuldung hat, der erkennen muss, dass er vor Gott ein ganz schuldiger Mensch ist, einer, der in die Reihe derer gehört, die ihn gekreuzigt haben. Denn wenn ich Gott nicht über alle Dinge geliebt, gefürchtet und ihm vertraut habe, wenn ich ihn anders angesehen habe, wenn ich durch mein Handeln einen anderen in Versuchung gebracht habe, in jeder Stunde, wo ich gefragt habe: Soll ich meines Bruders Hüter sein? – überall da bin ich schuldig geworden.

Aber Gott ist der, der mit einem geschlagenen Gewissen fertig wird, der ein Ende machen kann mit der Hoffnungslosigkeit. Er macht dadurch ein Ende, dass er mein Leben heftet an das Schicksal dieses Gekreuzigten. Mein geschlagenes Gewissen wird vor dem Kreuz offenbar.

Und nun nimmt er mir mein geschlagenes Gewissen und legt es auf ihn und gibt mir das gute Gewissen Christi.

Glaubst du das?

Mein lieber Freund, wenn du vor der Entscheidung stehst, entweder Gnade oder Untergang, dann ist es etwas Wunderbares, von Christus gerufen zu werden, der wirkt und handelt, der macht noch heute Menschen fröhlich und gewiss.

5. Was wird diese Stunde aus deinem Leben machen?

Das ist das Erschütternde, dass über jeder Stunde, in der der Name Jesu bezeugt wird, ein geheimes Entweder-Oder steht. Wir können annehmen, wie es Gott gefallen hat, uns zu erretten. Dann haben wir das Leben schon in dieser Zeit. Das Geborgensein in einem Herrn, den wir nicht sehen und der uns gewisser ist als dieses Haus hier.

Entweder geht es so wie bei dem Kämmerer: Er zog seine Straße fröhlich – oder wie bei dem reichen Jüngling: Er ging betrübt davon, und zwar betrübt, obwohl Jesus ihn ansah und lieb hatte. Ist das möglich? Ist das wirklich möglich, dass jemand mit Jesus zusammenkommt und diese Gnade verschmäht?

Dieses Entweder-Oder ist es, dass ich entscheiden muss: Was wird diese Stunde aus meinem Leben machen? Das eine ist gewiss: Wer von dem Herrn getroffen ist, der kommt fortan nicht mehr von ihm los. Entweder bin ich ein Mensch, der zugreift im Glauben, indem er sich ergreifen lässt, oder ich bin einer, der ohne Christus seinen Weg weitergeht, ruhelos, ungeborgen, ohne Frieden. Wenn schon der Mensch vor der Begegnung mit Christus unstet und flüchtig ist, wie viel mehr ist der unstet und flüchtig, der nach der Begegnung mit Jesus von ihm absieht. Davor bewahre uns Gott!

Und so schließe ich mit den Worten, die der alte Bauer in Gulbranssens »Das Erbe von Björndal« am Schluss des Buches spricht: »Es gibt doch nur einen Weg, und das ist Christus!«

Der Erntetag des Lebens

Jugendgottesdienst am 2. Oktober 1949

Predigttext: *Matthäus 25,31-46*

Halleluja, welche Höhen, welche Tiefen reicher Gnad',
dass wir dem ins Herze sehen, der uns so geliebet hat.
Dass der Vater aller Geister, der der Wunder Abgrund ist,
dass du, unsichtbarer Meister, uns so fühlbar nahe bist!

Liebe Gemeinde!

Mir hat so mancher Landmann gesagt, dass einer der kostbarsten Augenblicke im Jahre für ihn der Augenblick sei, wenn er die Ernte eingebracht hätte und könnte voll tiefer innerer Befriedigung vor der Scheune, vor den Ställen, vor den Kammern stehen und denken und sagen: »Für dieses Jahr haben wir's wieder einmal geschafft.«

Und so gehen auch an diesem Tage die Augen und Herzen vieler Menschen in Dankbarkeit und Freude über die Felder und Ernten, über die Sträucher und Bäume. Und auch die Gemeinde des Herrn Jesu feiert an diesem Tage mit den Früchten der Felder und Gärten, mit den Früchten von Sträuchern und Bäumen und dem, was Gott uns durch die Erde gab, diesen Tag. Und am Altar in den Gotteshäusern grüßen diese Früchte, und ihr Glanz und ihre Vielfältigkeit sind ein Zeugnis für die verschwenderische Fülle Gottes.

Wir haben für eine gute Ernte zu danken, obwohl sie sehr bedroht aussah. Wir haben Dank zu sagen. »Danket dem Herrn, denn er ist freundlich, und seine Güte währet ewiglich.«

Aber nun gleitet unser Blick auf Grund unseres Textes von der Ernte, die wir von den Feldern und Sträuchern holen, auf eine Ernte, die uns alle ganz persönlich angeht, auf eine Ernte, die den Städter wie den Landmann, den Armen wie den Reichen, den Bekannten wie den Unbekannten, den Tiefen wie den Großen angeht. Das ist der Erntetag unseres Lebens, von dem unser Text sagt. Und da hören wir als Erstes:

1. Mein Leben wird sich einmal unvertretbar vor dem König aller Könige zu stellen haben.

Am Tage des Herrn Jesu müssen alle Völker und alle Menschen erscheinen vor den ewigen Augen. Ich wurde erinnert an das zeitgenössische Stück von Borchert, »Draußen vor der Tür«, das viel gezeigt und durch den Film bekannt wurde, an das Schicksal dieses Heimkehrers Beckmann, der so mancherlei erlebt und der auf einmal merkt: »Ich bin ja ganz allein! Meine Frau hat einen anderen, meine Eltern haben Schluss gemacht mit dem Leben, mein Chef hat mich mit einem freundlichen Lächeln abgewiesen, die anderen mich mit Spott und hässlichen Reden entlassen.« Und nun hört er die Stimmen in der Nacht: »Beckmann, wo ist mein Mann?«, so ruft die Frau des gefallenen Mannes, »Wo ist mein Vater?«, rufen die Kinder des gefallenen Vaters, zwölf an der Zahl, die jedes Mal »Beckmann« rufen. Er hat damals einen Befehl gegeben in einem bestimmten Augenblick, und zwölf sind dabei gefallen. Und nun rufen ihn die Stimmen, rufen in die Nacht hinein, und wenn er ruft, gibt es keine Antwort. Seine Frau, seine Eltern, sein Chef, keiner hört mehr. Schweigt denn alles? Damit schließt das Stück.

Das ist ein Vorgeschmack von der Einsamkeit, in der der Mensch einmal unvertretbar erscheinen muss vor dem König aller Könige. Das ist eine Einsamkeit, wie man sie etwa bei einer Operation spürt. Wenn du da in die Narkose kommst und hörst vorher die Ärzte hantieren und die Schwester noch einmal sprechen, da merkst du die ganze Einsamkeit. Oder vor einer bestimmten Entscheidung. Hier können die Nächsten wohl noch raten, aber du merkst: Wie sterneneinsam ist doch der Mensch.

Aber diese Einsamkeit wird offenbar zuletzt vor ihm, ohne Vertretung. Du kannst sonst in allen Dingen auf der Erde einen nennen, der als Vertreter, als Treuhänder, als Eltern, als Erzieher usw., als Ersatzmann stehen kann. Hier gibt es keinen Ersatzmann mehr, wenn wir vor Jesus und seinem Richterstuhl offenbar werden müssen. »Da tritt kein anderer für ihn ein . . .«

2. Wenn das so ist, dass unser Leben einem Erntetag entgegengeht und dass an diesem Erntetag wir selbst vor Christus und seinen Engeln offenbar werden, da geht es dann um die Frage: »Was wiegt das?«

Merkwürdig, dass da nicht wiegt, nicht gefragt wird, ob evangelisch, ob lutherisch, ob katholisch. Bist du getauft, konfirmiert und so weiter? Wie viele Examina? Wie viel Wissen? Wie viele Bibelstellen weißt du? Wie viel hast du gearbeitet? Bist du krank oder gesund?

Alles, was uns als wesentlich gelten will, das steht hier nicht zur Debatte. Am Erntetag unseres Lebens, da wiegt etwas anderes, etwas Merkwürdiges, von dem ich wünschte, dass es dir und mir in dieser Stunde mal richtig aufginge.

Da wiegt das, was wir an den Brüdern des Königs getan haben. Welches Königs? Des Königs Jesus Christus, denn dessen, lieber Bruder und liebe Schwester und lieber Freund, sei gewiss: Er ist der König aller Könige, er hat das letzte Wort, er ist das Schicksal jedes Menschen, und an Jesus Christus geht man entweder zugrunde oder man gewinnt eine königliche Ewigkeit.

Was wir an den Brüdern des Königs getan haben! Wer sind nun die Brüder? Angesehene Leute, Bischöfe, Pastoren und so weiter? Wieder nicht! Wir werden immer neu enttäuscht. Hier steht wieder gar nichts davon, was so bei uns als angesehen gilt. Die Brüder des Königs, das sind ganz andere. Und nun merken wir auf einmal, wie beide Gruppen, die zur Rechten und die zur Linken, zum Staunen kommen, dass er hier auf einmal Menschen seine Brüder nennt, an die keiner gedacht hat. Alle, die im Schatten leben, sind seine Brüder!

Und er zählt sie auf, und wir könnten fortfahren und könnten etwas hören, was der Autor Manfred Hausmann vorgestern von dem Bild des modernen Menschen sagte.

Da ist zum Beispiel ein Mädel, das hat nur einen Fuß. Es geht wie ein Mann gekleidet mit einem verbitterten Gesicht. Das Mädel kommt über den Schmerz nicht hinweg, dass es so versehrt ist, und möchte in der Gestalt des Mannes in aller Bitterkeit seinen Lebensweg weitergehen. Menschen im Schatten!

Oder ein Kamerad, der mir viel Gutes getan hat, kommt nach Hause. Er ist Förster. Er kommt in ein finsteres Haus. Seine Frau mit zwei Kindern ist mit einem ausländischen Offizier weggegangen. Menschen im Schatten, die verbluten an der Lieblosigkeit der anderen.

Neulich stellte in einer Freizeit ein erwachsener, reifer Mensch die Frage: »Wer hilft uns leben?« Da sind viele, die sind nicht versehrt am Leibe, bei denen ist das nicht in der Öffentlichkeit zu sehen, dass sie Last und Leid tragen. Aber viele Verwundete des Herzens, die stehen vor der Frage: »Wer hilft uns leben?« Die haben einen ganz bestimmten Lebensplan gehabt und hängen daran mit ihrem ganzen Herzen. Und nun sehen sie ihn zerstört. Man nennt das auch einen neurotischen Lebensplan, den ich festhalte, obwohl er sich nicht verwirklichen lässt. Und so stehen sie im inneren Wundreiben und kommen nicht mehr los davon. Wie ein verwundetes Tier, das ausschlägt, weil es das Gefühl hat: Der will auch noch was von mir. So gibt es viele Menschen, die verwundet sind und denen man es nicht ansieht, die haben ein blutendes Herz.

Wem unter den Christen wird dieses Mädchen mit dem einen Bein begegnen? Wem wird der Heimkehrer begegnen? Wem wird dieser leidende Mensch begegnen, der nicht loskommt von einem tief neurotischen Lebensplan, von dem er glaubt: Das ist der Sinn meines Lebens?

Wie du den Menschen, die im Schatten leben, begegnet bist, das wiegt, wenn du vor Christus am Erntetag deines Lebens offenbar werden musst.

3. Es ist der Wille des Königs aller Könige, dass wir königlich leben.

Was heißt das? Das lernen wir hieraus: Jesus, der stellt sich gleich mit diesen Menschen im Schatten. Er spricht nicht nur von den »Geringsten«, sondern sagt: »*Ich* bin hungrig und heimatlos gewesen.«

Der König aller Könige geht verkleidet unter uns um. Wo mag er uns heute Morgen begegnet sein? Sitzt er vielleicht verkleidet unter uns? Sind da Menschen im Schatten, die die Königswürde tragen?

Es ist der Wille unseres Königs, dass wir königlich leben, nicht in Glanz und Gloria, sondern dass wir eine Bewegung des Herzens spüren, die man Barmherzigkeit nennt. Sie ist eine Art Aufmerksamkeit nach unten hin. Nach oben hin haben wir die Aufmerksamkeit sowieso.

Die Leute, die durch Jesus gebunden sind, die sagen: »Darum kennen wir von nun an niemand nach dem Fleisch«, sondern die sehen mit den Augen Jesu Christi, mit dem königlichen Blick.

Die Menschen im Schatten sind Menschen mit einer besonderen Königswürde, die unter der besonderen, eifersüchtigen Aufmerksamkeit Jesu stehen.

Es pfeift der Herr auf deinen Glauben, wenn nicht dieser Strom der Barmherzigkeit aus deinem Herzen kommt. Es müsste so sein, dass Menschen, die im Schatten leben, von dir wissen: Hier bei diesem Menschen ist gut sein, da ist ein Stück Heimat, da ist es wie bei der Mutter.

Es gibt viele Beispiele von Menschen, die königlich gelebt haben: Laurentius, ein römischer Diakon, soll seine Kirchenschätze bringen. Er bringt Kranke, Verkrüppelte, Einsame und Alte. Das sind unsere Schätze. Dazu gehört ein königlicher Blick.

Ich will euch sagen, Brüder und Schwestern, wenn Gott das nicht auf die Dauer schenkt, dass unsere Kirchen und Gemeinden und Bibelstunden eine Heimat sind, dass der Mensch merkt: Hier ist gut sein, dann wäre es eine traurige Sache.

Die Glaubenslehre der Christenheit im 20. Jahrhundert wird

keine Dogmatik, sondern eine Heimatkunde sein. Jeder Gottesdienst und jede Predigt möchte eine Heimatkunde sein.

Bodelschwingh, der Vater von Bethel, ging einmal mit einem Staatsmann über die Straße. Bodelschwingh: »Entschuldigen Sie einen Augenblick«, geht über die Straße auf einen Bruder von der Landstraße zu, um ihn in den Arm zu nehmen. Der Staatsmann ist entsetzt und sagt: »Herr Pastor, wenn Sie sich nun Ungeziefer bei diesem Manne holen!« Darauf Bodelschwingh: »Herr Minister, eine Laus von diesem Bruder ist in den Augen meines Königs kostbarer als dieser Herrscherorden, den sie tragen.«

Verstehen wir das? Was für ein königliches Herz voll Barmherzigkeit!

Ich könnte noch Beispiele aus der Inneren Mission nennen, aber auch persönliche Beispiele. Ein königlicher Blick! Da sind Menschen, die jeden Freitag oder Samstag den Einsamen und Kranken und Angefochtenen ein Blatt zum Lesen bringen als einen Gruß von Gott für diesen Bruder. Da war ein anderer, der hatte in sein Schlafzimmer eine Klingelleitung legen lassen, weil ein kranker Nachbar da war, der des Nachts Hilfe brauchte. Ein königlicher Blick – ein königliches Leben! Das ist etwas von den Augen und dem Herzen, das den Menschen im Schatten sieht.

4. Gott erlaubt dir, noch einmal königlich zu leben.

Dazu gehört eine Bewegung des Herzens und ein Blick der Augen, eine Sicht nach unten: Diakonie heißt durch den Staub gehen, auch bereit sein, um Jesu willen sich einmal zu blamieren. Es geht ja um den König!

Oft erschüttert mich der Gedanke: Wenn wir jetzt im Gottesdienst zusammen sind, weiß ich nicht, ob wir uns nächsten Sonntag noch einmal so sehen können. Wir stehen alle unter dem Todesschatten. Wie kann das einen Jungen oder Alten so plötzlich treffen.

Und nun ergeht noch einmal der königliche Ruf von Jesus an uns.

Vor einigen Wochen erzählte ein Junge bei einer Freizeit an der Glör-Talsperre, wie er den Herrn Jesus gefunden habe. Er sieht seinen lieben Kameraden vor seinen Augen ertrinken. Da wird ihm plötzlich deutlich: Gott gibt dir noch eine Bewährungsfrist, noch einmal Gnade zum Leben, so, wie uns Gott hier noch einmal Gnade zum Hören gegeben hat.

Darum kann diese Stunde mit diesem Text nur ein Ruf zu Jesus sein. Wir wollen mit ganzem Ernst dieser Frage stillhalten: »Was wird der König von meinem Leben sagen? Meine Freunde, wie wird es sein, wenn der König kommt?«

Da gibt es nur einen Gang: Hin zum Kreuz! Da gibt es nur dies Eine, ich weiß nichts anderes. Hier komme ich als Mensch, als ein Sünder. Ich kann nicht auf tausend Fragen eine Antwort geben. Herr, wenn du so wägst, Herr, wer wird bestehen? Aber wenn ich mich erschüttern lasse durch die Frage »Was wird der König von meinem Leben sagen?«, dann kommt eine Botschaft in mein Leben hinein, eine Botschaft vom Kreuz, die darf ich annehmen und die darf ich glauben.

Aus dieser unter dem Kreuz gewordenen Liebe und Barmherzigkeit, die mich und dich ergreift, da wird ein großer Dank, sich zu verströmen und sich zu üben an den Menschen im Schatten. Was er an mir im Schatten getan hat, der meine Schuld begnadigt hat, das regt in mir das tiefe Verlangen, dass ich den anderen im Schatten ein Christus bin, sagt Luther. Einer, der ihnen Heimat gibt, denen, die verwundet und verbittert und enttäuscht sind. Dass ich durch ihn einer werde, bei dem man denkt: Der muss daheim sein. In dem Bericht eines Fürsorgepfleglings las ich, wie er von einem Menschen erzählt: »Wenn ich dahin komme, dann kommt ein Friede über mich, der ist unbeschreiblich.«

Gott erlaubt noch einmal mein Leben.

Ich bin doch selber so verwundet und soll anderen helfen? Mein Bruder, meine Schwester, wenn du weißt, wer Jesus ist, bist du dann nicht reicher als jeder Kaiser, der nicht glaubt? Bist du dann nicht ein Königskind? Erbe der Herrlichkeit? Und kannst du dann nicht selber blutende Wunden lindern? Das ist die Art von Gotteskindern.

Aber: Es ist ja so uferlos, das Meer des Leides und der Not, wo sollen wir da anfangen?

Denken wir an Josua 6: Die Mauern Jerichos. Jeder soll da vorstoßen, da über die Mauer steigen, wo er steht. Du bist verantwortlich für das, was in deinem Lebenskreis an Menschen im Schatten ist. Da geht der König verkleidet umher.

Ein russischer Professor redete in England vor deutschen Kriegsgefangenen. Ehe er anfing, hat er sich ganz tief vor ihnen verneigt. Als man ihn fragte, sagte er: »Ich habe Christus in ihnen gegrüßt.«

Wenn mich eins fast zu Tränen bewegte in der Gefangenschaft, so war es dies: Wenn ich als Gefangener arbeitete, irgendeine schwere Arbeit verrichtete und es kamen ein paar russische Frauen vorbei, die schlugen das Zeichen des Kreuzes, wenn sie mich sahen. Sie grüßten in mir, dem elenden Gefangenen, den König aller Könige.

Matthias Claudius sagt: »Wenn du viel hast, gib dem König viel, wenn du wenig hast, halte wenigstens das Glas Wasser dar.«

Der König vergisst nicht ein schlichtes Glas Wasser, das du einem armen Menschen gegeben hast, nicht eine stille, gute, verborgene Hilfe.

Was haben wir für einen königlichen Herrn! Wer hilft mit in einer blutenden, überschatteten Welt, wer packt mit an? Unsere junge Gemeinde, unsere Gemeinde überhaupt, muss eine Schar von Helfenden sein, eine Schar, die im Namen Jesu königlich leben möchte.

Kommt, ach kommt, ihr Gnadenkinder,
und erneuert euern Bund,
schwöret eurem Überwinder
Lieb' und Treu' aus Herzensgrund.
Und wenn eurer Liebeskette
Festigkeit und Stärke fehlt,
o, so flehet um die Wette,
bis sie Jesus wieder stählt.

Wenn das der Herr schenkt: von heute ab manchen königlichen Ausblick am Tag, wo ich anderen um Jesu willen eine Freude mache, von heute ab jeder Tag ein königlicher Tag, weil er Christus gehört, ein königliches Jahr, ein königliches Leben und eine Ewigkeit mit dem König aller Könige!

Amen.

Gottes Zeit ist immer die allerbeste Zeit

Jugendgottesdienst am 6. August 1950

Predigttext: *Philipper 2,25-30*

Liebe Gemeinde, vor allem ihr lieben Jungen und Mädel!

Am vergangenen Mittwoch waren wir im Jungmännerkreis zusammen. Da hat uns Herr Oberstudiendirektor Ilhoff vom Zeppelingymnasium einen Vortrag gehalten über die Anfänge einer Erweckungsbewegung, die im vorigen Jahrhundert im Norden unseres Vaterlandes vor sich ging. Im Rahmen dieses Berichtes erzählte er uns ein Beispiel, das ich euch weitergeben möchte und an dem wir sehen, wie geheimnisvoll Gott eingreifen kann.

Da ist ein Mensch, der ist einfach durch die Wunden seines Lebens lebensmüde geworden und sieht keinen Ausweg mehr, als den, den auch Borchert in seinem zeitgenössischen Stück »Draußen vor der Tür« sieht: Aussteigen! Schluss machen!

Und so steht er am Ufer eines Flusses, ringend mit der Entscheidung, jetzt Schluss zu machen. Was das für einsame Minuten sind, kann keiner von uns nachempfinden, der nicht durch diese enge Pforte gegangen ist, durch diese enge Pforte der Schwermut und des Leides.

Auf einmal braust da ein Eisenbahnzug über eine nahe gelegene Brücke. In diesem Zug geschieht etwas: Da ist ein Mann, ein von Christus innerlich glühender Mann, der verteilt Blätter, die von Christus zeugen. Er gibt sie im Abteil einzelnen Reisenden. Ein Mann im Abteil wird ganz zornig, nimmt sie ihm ab und schmeißt sie durchs Fenster. Die wirbeln nun durch die Luft, eins fliegt dem Mann draußen am Fluss vor die Füße. Er greift es auf, und dieses Blatt spricht ihn so an, wie ihn noch niemals im Leben etwas angesprochen hat. Das wird ihm der Anstoß zum Glauben, er gewinnt neuen Mut zum Leben und wird einer der führenden Männer jener Erweckungsbewegung.

Ein kleines Wunder der Gnade im großen Geschehen der Welt. Da müssen tausend Wege zusammenkommen zu diesem Mann da am Ufer. Da muss gerade ein Eisenbahnzug kommen, und da muss ausgerechnet ein Mann sein und Blätter verteilen und einer, der sich darüber ärgert und der sie rausschmeißt, und keiner wusste etwas vom anderen, und Gott koordiniert diese Dinge so, dass er einen Apparat von Ereignissen braucht, um *einen* Menschen anzusprechen.

Eine Fülle von kleinen Begebenheiten, die wie Zahnräder ineinander greifen wie bei einer komplizierten Maschine, damit das Eine wichtig wird, weil Gott seine ewigen Augen auf *einen* Menschen geworfen hat – und so vielleicht auch heute Morgen!

Und jetzt habe ich nur einen Wunsch: Dass diese Stunde auch wäre wie ein von Gott heruntergewehtes Blatt, das in deinem Leben anlangt, in deinem Leben!

Was soll ich aus diesem Text mitnehmen? Da ist die Rede von einem Kranken, der gesund geworden ist, und dem Paulus schöne Grüße bestellt an die Philipper. Aber wenn man in das Bergwerk dieses Textes steigt und klopft an den Nussbaum der Bibel, dann staunt man, was da für Nüsse herunterkommen.

Das Erste ist etwas zum Stutzigwerden:

1. Gottes Menschen können die Aufgabe bekommen, krank zu sein.

Paulus spricht von einem Mann namens Epaphroditus. Heute würde er Schmidt und Schneider heißen, ein Mensch von Fleisch und Blut wie wir, ein von Jesus Christus überführter Mensch, der zu der Gemeinde von Philippi gehört, der hat dem Apostel Paulus im Gefängnis eine Kollektengabe der Philipper gebracht, vielleicht war auch ein Betrag in Naturalien dabei, den die Gemeinde von Philippi dem Paulus zukommen lassen wollte. Er ist auf der Reise oder im Gefängnis krank geworden, als er dem Paulus mitgeholfen hat; er nennt ihn: Mein Mitarbeiter, mein Mitstreiter, der mir geholfen hat in meinen Lebensnöten.

Der Epaphroditus hat sich nicht geschämt, zu einem Gefangenen zu reisen und die Gefahr dieser Reise auszustehen und dann dort im Gefängnis in der Nähe der Gefangenen Dienst zu tun mit ihm zusammen für Christus. Und bei der Gelegenheit ist er schwer krank geworden, vielleicht verunglückt, vielleicht hat er sich eine Grippe geholt, eine Lungenentzündung, jedenfalls todkrank.

Nun könnte man doch sagen: Gott konnte das doch verhindern. Er war doch auf einem Wege Gottes, einem Wege des Segens und Dienstes für den Herrn. Aber Gott hat ihn krank werden lassen, todkrank. Und nun ist das Merkwürdige, dass das im Neuen Testament öfters berichtet wird. Zum Beispiel berichtet Paulus von Trophimus: »Ich ließ ihn krank zu Milet.« Er schreibt an Timotheus: »Nimm ein wenig Wein, weil du einen schwachen Magen hast.« So natürlich ist die Schrift. Also Trophimus war krank, Timotheus war oft krank und Paulus, dieser begnadigte Gottesmann, ist es, von dem wir uns dasselbe berichten lassen, und von ihm selbst wird es ebenfalls berichtet. Er sagt einmal zu den Galatern: »Ihr hättet eure Augen ausgerissen und mir gegeben.« Manche nehmen daher an, dass Paulus ein Augenleiden hatte, vielleicht sogar eines, das anstößig war für die Umgebung, eine Augenkrankheit.

Ein andermal schreibt Paulus im 2. Korintherbrief, dass er in seinem Leben eine Bremse habe, etwas, das ihn behindere in seinem Dienst. Er hätte Gott gebeten, das von ihm abzunehmen, Gott hätte geantwortet: »Lass dir an meiner Gnade genügen«, das heißt: Meine Gnade reicht für dich aus, denn meine Kraft kommt bei dir zur Entfaltung in deiner Schwäche. Die Gnade reicht aus, meine Kraft kommt zur Vollendung bei dir in der Schwäche. Wer kann das begreifen? – Man sollte meinen, Gott müsste unbedingt diese Bremse von Paulus wegnehmen, aber er lässt sie und verherrlicht in diesem gebremsten Leben seine Kraft. Das ist das Geheimnis:

Das war ja so dein Wesen von alten Tagen her,
dass du dir hast erlesen, was schwach, gebeugt und leer,
dass mit zerbrochenen Stäben du deine Wunder tust …

Gottes Menschen können die Aufgabe bekommen, krank zu sein.

Ja, nun wird uns doch gleichzeitig im Neuen Testament berichtet, dass der Herr die wunderbare Macht hatte, Menschen gesund zu machen, und dass er die Kraft auch seinen Jüngern verheißen hat, und es ist Tatsache, dass wir bis zum heutigen Tage viele echte lebendige Zeichen haben, dass Kranke durch das Gebet des Glaubens gesund werden, ein wunderbarer Hinweis auf die hereinbrechende Herrschaft Gottes!

Aber das ist nicht automatisch zu verstehen, dass jeder Christ, der krank wurde, auf dem schnellsten Wege gesund wird, oder dass man sagt: Wenn du krank bist, hast du gesündigt, oder: Einer, der wirklich gläubig ist, braucht niemals krank zu sein, sondern da steht, dass seine Gnade auch in einem gebremsten Leben mächtig ist, dass seine Gnade sich wunderbar erweisen kann.

Ein Beispiel aus dem Leben Michelangelos: Er malte einst eine Kirchenseite aus. Da war ein großes Gerüst in der Kirche aufgestellt, und er geht auf der Bohle auf und ab, um das Gemalte zu prüfen. Einmal ist er ganz versunken in ein gemaltes Teilstück und geht zurück und merkt gar nicht, dass ihm die Gefahr droht, nach hinten abzustürzen. Einer von den Gesellen unten bemerkt das und denkt, wenn ich ihn jetzt anrufe, dann erschrickt er so, dass er zurücktritt und dann herunterfällt. Und er nimmt einen Pinsel und wirft ihn gegen das schon gemalte Stück, das der Meister gerade betrachtet. Der Meister stürzt nach vorn, um zu sehen, was der Pinsel angerichtet hat und ist voller Wut, und es dauert eine ganze Weile, bis er begreift, dass das eine Rettung für ihn war, eine Rettung vor einem drohenden Unglücksfall.

Dieses Beispiel ist mir eindrücklich für uns alle, meine Freunde! Es gibt Bremsen in deinem Leben, die hat Gott ins Leben gesetzt, damit du nicht verunglückst – nicht im körperlichen Sinne. Es gibt durchgestrichene Pläne in deinem Leben, die er deswegen durchgestrichen hat, um dich nicht zu beschädigen an deiner Seele.

Darum hat der alte Volkening einmal zu einer Kranken auf dem

Krankenbett gesagt: Sie haben jetzt die Aufgabe, krank zu sein. Erfüllen Sie diese Aufgabe zur Ehre Gottes.

Darin liegt das Geheimnis eines befriedeten Lebens, dass es Ja-Sagen lernt, auch zu den Bremsen Gottes im Leben, zu den Dingen, die uns nicht wohl eingehen. Ja-Sagen zu der Aufgabe einer Krankheit, einer Einsamkeit, zu der Aufgabe einer Belastung, zu der Aufgabe einer Wegdurchkreuzung, zu der Aufgabe von Dingen, die uns schwer sind, zu der Aufgabe von Gott her, krank zu sein, wie mir ein Glied unserer Jungen Gemeinde – von auswärts – sagte: Er hatte drei Wochen Rippenfellentzündung gehabt, durch Erkältung, wie das so kommt: »Ich hatte drei Wochen Sammlung nötig, dass ich drei Wochen stillgelegt wurde, und habe mal ganz genau gelernt, wofür ich alles zu danken habe. Ich hatte keine Zeit mehr in allem christlichen Betrieb für die Antwort Gottes, und darum kann ich nur sagen: Ich bin dankbar für die drei Wochen, da ich auf ein Lager geworfen wurde und darf das nun nehmen als eine Aufgabe aus Gottes Hand.« Das ist das Erste.

Vielleicht bedeutet es für einige von uns etwas, dass Gott seinen Leuten es als Aufgabe geben kann, krank zu sein für einige Wochen, für einige Monate, vielleicht für lange Zeit, und dass er in einem Fall sich dadurch verherrlicht, dass er die Krankheit nimmt und einen Menschen ganz gesund und frisch macht, und im anderen Falle sich verherrlicht, dass er mitten in den Nöten und Einsamkeiten sich wunderbar verherrlicht, dass er mit zerbrochenen Stäben seine Wunder tut.

Das Zweite:

2. Gottes Barmherzigkeit bestimmt das Maß deiner Traurigkeit.

Paulus sagt: Der Epaphroditus wurde schwer krank und hat sich das zugezogen um meinetwillen und im Dienst, den er von den Philippern aus an mir tat. Aber Gott hat sich unser erbarmt und hat ihn nicht sterben lassen.

Nun ist es ja so, dass das Neue Testament und vor allem Paulus keine Angst haben vor dem Heimgehen, denn er sagt ja: »Ich habe

Lust, abzuscheiden und bei Christo zu sein ...« Aber etwas anderes bereitete ihm Kummer: Dass er jetzt, wo er schon so viel mitmachte durch Gefangenschaft, durch Missgunst – er hat doch erlebt, dass in Philippi auch Menschen das Evangelium verkündigen und ihm dadurch schaden wollen – dass er da nicht eine Traurigkeit über die andere hätte! Darum ist er so dankbar, dass Gott da abgeschaltet hat mit den Traurigkeiten.

Gottes Barmherzigkeit bestimmt das Maß deiner Traurigkeit, dass ich nicht eine Traurigkeit über die andere habe. Der Mathematiker Gauss drückte es einmal so aus:

»Gott zählt!« Das habe ich einmal in der Bibel nachgesehen und habe gestaunt:

Gott zählt alle Haare auf unsrem Haupt;
Gott zählt alle meine Tränen;
Gott zählt alle Tage meines Lebens;
Gott zählt die Stunden meiner Not und Flucht;
Gott zählt!

Unbegreiflich! Der ewige Gott, dem nicht nur diese Erde, sondern das ganze Weltall gehört. Man hat jetzt den entferntesten Stern entdeckt, der mehrere Millionen Lichtjahre von uns entfernt ist. Und nun sagt uns die Bibel: Die Hand Gottes geht noch bis hinter diesen Stern!

Und trotzdem hat der gleiche Gott noch Zeit und Kraft, in deinem Leben zu zählen, und zwar barmherzig zu zählen! Alle Wege deiner Not, jede einzelne Träne! Das gilt jetzt nicht symbolisch, sondern als ganz tiefe Tröstung.

»Zähle die Wege meiner Flucht; fasse meine Tränen in deinen Krug. Ohne Zweifel, du zählst sie.« Gott sammelt sie wie in einem Krug. Gott lässt niemals auch nur einen Tropfen der Not mehr fallen, einen Tropfen des Kummers, eine Träne mehr, als er es bestimmt hat.

Ich will das am Leben Bachs einmal deutlich machen. Er hatte das Lieblingswort:

»Gottes Zeit ist immer die allerbeste Zeit.«

Was wollte er damit sagen? Das heißt: Gottes Zeit, die besonderen Eingriffe und Epochen Gottes sind immer die besten Uhrzeiten. Und diesen Spruch hat Bach gewählt, dessen Todestag wir neulich begingen. Er hat 20 Kinder gehabt, von zwei Frauen, und hat elf von diesen 20 Kindern selber zu Grabe tragen müssen, hat seine erste Frau verloren. Als er auf einer Reise war, ist seine Frau heimgegangen, ohne dass er ihr die Augen zudrücken konnte. Er hat viel darunter gelitten, dass seine Zeit ihn nicht verstand, hat früh seine Eltern verloren, hat die Eifersucht seines älteren Bruders ertragen müssen – und ist erblindet. Und: »Gottes Zeit ist immer die allerbeste Zeit.« Und welche Choräle hat er bevorzugt? »Auf meinen lieben Gott trau ich in Angst und Not ...« , »Was mein Gott will, das gscheh allzeit ...«

Das ist das Geheimnis derer, die in den Dunkelheiten ihres Lebens daran halten, dass Gott zählt und dass alles, was mir begegnet, erst an Gott vorbei muss, dass man menschlich gegen jeden Augenschein sich darein flüchtet und sich in dieses Wort verkriechen muss.

Als wir einmal im Sommer 1946 unmittelbar vor der Möglichkeit standen, aus der Gefangenschaft entlassen zu werden und dann doch zwei von uns von der Liste gestrichen wurden, da sagte der Kamerad zu mir: »Gott hat uns vergessen!« Das schlug mich im Augenblick, weil ich selber beteiligt war; und dann sagte ich ihm: »Zu der Stunde, wenn Gott es vorgesehen hat, kommen wir auch nach Hause, entweder hier zeitlich oder dort in Ewigkeit.«

Was habe ich da gemacht gegen die Stimme des Herzens: »Hat Gott sich hier nicht verzählt, hat er mich nicht vergessen, hat er hier nicht was verpasst?«, da habe ich mich flüchten können in die Zusage Gottes, dass er es weiß und dass er auch die inneren Tränen zählt und die Wege meiner Not weiß und dass er alle meine Haare kennt.

Das klingt beinahe ironisch. Hat Gott sich darum zu kümmern? Jawohl, so groß ist Gott, dass er sich darum kümmert.

Goethe sagte es einmal vom Atmen – das hat mir eine Gymnastiklehrerin gesagt –:

Im Atemholen sind zweierlei Gnaden:
die Luft einziehn, sich ihrer entladen.
Jenes bedrängt, dieses erfrischt;
So wunderbar ist das Leben gemischt.
Du danke Gott, wenn er dich presst,
und dank ihm, wenn er dich wieder entlässt!

Meine Freunde, er lässt nämlich die Seinen immer wieder aufatmen. Das ist ein Geheimnis, und wenn du manchmal denkst: Es geht nicht mehr, ich gehe kaputt; und du hast gar nichts mehr in den Händen, noch nicht einmal im Glauben, es ist dir alles aus den Händen geschlagen – dann wird es dir vielleicht gerade geschenkt:

Er hat doch in Händen die ganze weite Welt ...

Und er hat doch die Hand am Hebel!

3. Gottes Wort mahnt uns, den Boten Gottes mit Fürbitte und Freude zu begegnen.

Merkwürdig: »So nehmet ihn nun auf in dem Herrn mit allen Freuden und habt solche Leute in Ehren.«

Hier ist Epaphroditus schwer krank gewesen und Gott hat ihn wieder gesund gemacht. Paulus hat nicht noch eine neue Traurigkeit dazu und schickt ihn nach Philippi. Und nun: Nehmt diesen Mann, der um des Werkes Christi willen so in Todesnot gekommen ist, nehmt ihn auf mit allen Freuden und haltet ihn in Ehren.

Was ist denn so was? An anderen Stellen heißt es: In der Gemeinde Jesus haben wir mit Ehre und dergleichen nichts zu tun. Ich will versuchen, es einmal deutlich zu machen: Der Herr Jesus Christus ist nicht nur der, der Menschen in den Glauben ruft – es kommt keiner zum Glauben ohne die Wirkung des Heiligen Geistes – er sorgt auch noch für etwas anderes: Dass zur rechten Stunde seine Gemeinde mit den notwendigen Knechten und Boten versorgt wird. Er sorgt dafür, er hat »gesetzt in der Gemeinde aufs erste die

Apostel, aufs andre die Propheten, aufs dritte die Lehrer, darnach die Wundertäter, darnach die Gaben, gesund zu machen, Helfer, Regierer, mancherlei Sprachen.« Das gilt nicht nur für das Amt, sondern auch, dass zur rechten Stunde in der großen Kirchengeschichte und in der kleinen Gemeinde seine Boten und Knechte auftauchen. Er ist das Haupt der Gemeinde und gibt selbst seine Boten.

Und nun meint die Schrift, dass wir allen diesen Menschen, denen Gott die Gnade gab, irgendwie in seiner Gemeinde verantwortlich Dienst zu tun – das gilt für den Bischof, Präses, Pfarrer, Missionar, Diakon, die Diakonisse bis zu einem Bruder oder einer Schwester in einem kleinen Gebets- und Bibelkreis, für alle, die ein Amt haben: Presbyter, Rendant, Kassenverwalter usw. usw., für alle diese besonderen Mitarbeiter Gottes – dass wir ihnen allen mit Fürbitte und Freude begegnen sollen. Warum? – Weil wir das ernst nehmen sollen, dass Gott ihnen das Maß der Verantwortung zugemutet hat, das sie für andere haben.

». . . denn sie wachen über eure Seelen, . . . auf dass sie das mit Freuden tun und nicht mit Seufzen.« Wir sollen ihnen untertan sein und für sie beten.

Denn darüber wollen wir uns klar sein, dass der Teufel gerade bei denen, die nun Verantwortung für seine Gemeinde haben im Großen und Kleinen, einen dauernden Beschuss ansetzt, und dass er erreichen möchte, dass diese Boten die Sache Jesu lästern machen durch ein Versagen, dass sie wie durch Fußangeln am Dienst gehindert werden. Das ist die böse Macht, die einen unmittelbar vor dem Dienst mit bösen Gedanken oder sinnlosen Gesprächen aufhält, dass nur kein Segen kommt.

Und darum sagt der Apostel: Begegnet allen, die einen noch so kleinen oder noch so großen Dienst in der Gemeinde Jesu haben, mit Fürbitte und Freude, das heißt, dass ihr durch eure Fürbitte und Behutsamkeit und einen fröhlichen Gruß ihnen den Dienst leicht macht, und Gott sorgt selber dafür, dass er Menschen findet, die immer wieder neu ihm zu dienen willig sind.

So, jetzt bin ich am Ende. Ich komme noch einmal auf das Beispiel vom Anfang zurück, auf das Blatt, das da herunterweht auf die Füße des Mannes zwischen Leben und Tod.

Welches Blatt von diesen drei Blättern mag in deinem Leben dir heute vor die Füße gefallen sein? Das eine: Ja-Sagen lernen zu den Bremsen, die Gott in dein Leben stellte? Nicht, dass ich Fünf gerade lasse, sondern das heißt, dass ich alles anwende, um gesund zu werden, und dass ich alles tue, was Gott mir erlaubt, um von einer Last loszukommen.

Aber es gibt ein inneres Bitterwerden; es gibt aber auch ein inneres Ja-Sagen und ein Wissen, dass alles an Gott vorbei muss. Vielleicht hast du bis jetzt in einem inneren Hadern mit Gott gestanden, das dich nicht froh werden ließ. Lass es dir heute Morgen sagen: Gottes Menschen können die Aufgabe haben, krank zu sein.

Oder das zweite Blatt: Gottes Barmherzigkeit bestimmt das Maß deiner Traurigkeit. Gott zählt! Gottes Zeit ist immer die allerbeste Zeit!

Und das dritte Blatt: Vielleicht musst du es von heute ab erst mal neu oder doch mehr lernen, für alle, die in Lüdenscheid und im weiten Vaterland und in aller Welt eine ganz kleine oder große Verantwortung für die Gemeinde Jesu tragen, zu beten und auf deine Weise ihnen den Dienst im Namen Jesu in seiner Gemeinde leichter zu machen.

Das ist ja überhaupt die große Würde unseres Lebens, dass es durch uns anderen – den Mitarbeitern und all den anderen – leichter werde, zu leben, zu glauben und zu lieben!

Drum, so will ich's wagen, Herr, auf dein Gebot,
alle meine Sorgen, eig'ne und fremde Not,
all' mein heimlich Grämen, alles, was mich quält,
dir ans Herz zu legen, der die Tränen zählt.

Amen.

Alles und in allen Christus

Predigt zur Einführung in das Gemeindepfarramt am Sonntag, 13. Juli 1952, in der Erlöserkirche, Lüdenscheid

Predigttext: *Kolosser 3,11c*

Liebe Heimatgemeinde!

Es ist schon etwas besonderes, wenn man diese Anrede gebrauchen darf; denn diese Gemeinde ist nicht irgendeine, sondern meine Heimatgemeinde. Und auch dieses Gotteshaus ist nicht irgendeins, sondern das Gotteshaus meiner Heimat. Manche Meilensteine meines persönlichen Lebens wurden in diesem Hause aufgerichtet.

Im Kindergarten dieser Erlöserkirchengemeinde wuchs ich auf. Im Kindergottesdienst dieses Gotteshauses wurde ich mit dem Leben Jesu vertraut gemacht. Im Jahre 1926 wurde ich hier konfirmiert, 1938 hier ordiniert, 1940 hier getraut, am 27. Februar 1949 nach meiner Rückkehr aus russischer Gefangenschaft hier eingeführt als Jugendpfarrer und Synodalpfarrer für Volksmission und Seelsorge. Mit dieser Stadt und ihren Straßen und Häusern verbindet sich die Geschichte meiner Jugend. Bedeutsame Grundlegung empfing ich besonders auch im Deutsch- und Religionsunterricht an der Zeppelin-Oberschule.

Das alles sind äußerlich greifbare Daten, die den Heimatcharakter meiner Entwicklung aufweisen, aber eine Gemeinde hat auch das Recht, auch von der Gottesgeschichte im Leben ihrer Boten zu wissen. Es gibt nicht nur Biografie der Boten Gottes, sondern auch im Glauben geschaute Theografie. Darum darf ich bei mir persönlich noch einen Augenblick verweilen.

Vor einiger Zeit sprach ich die betagte Frau, die meiner Mutter bei meiner Geburt beigestanden hat. Sie berichtete mir, wie der Vater des Hauses Immanuel, mein 1915 heimgegangener Onkel Robert Deitenbeck, zwei Stunden nach meiner Geburt mit meinen beiden Brüdern am Bett der Mutter und des Kindes niederkniete und es dem Dienst des Herrn befahl. Das weist zugleich zeichenhaft hin auf die besondere geistliche Herberge, in der ich aufwachsen durfte. Gott schenkte mir ein christusgläubiges Elternhaus, in dem es mir leichter wurde, zu Jesus zu kommen und bei ihm zu bleiben. Im Frieden dieses Elternhauses durfte ich die ersten Schritte des Glaubens tun. Dieses mein Elternhaus war durchweht von jener herrlichen Erweckungsbewegung, die vor der Jahrhundertwende durch unser Sauerland ging und in Lüdenscheid zum Bau des Hauses Immanuel führte.

Unter der Verkündigung und Seelsorge von Männern, die werktags an der Drehbank oder auf dem Lager arbeiteten und an den Abenden das Wort verkündigten, wuchs ich auf. Ich hörte sie glühenden Herzens die Erweckungslieder singen. Man war gewiss geworden unter der Botschaft: »Jesus errettet dich jetzt.« Man las die Bibel miteinander mit Entdeckungseifer. Tausende fanden durch dieses Haus den Weg zum Leben. Es gibt doch zu denken: Aus diesem Hause Immanuel gingen elf Missionare und Missionarinnen in die Heidenwelt, sechs Mädel wurden Diakonissen, sieben junge Männer Pfarrer und noch einige Prediger.

Ich spreche es daher offen aus, dass ich das Vermächtnis solcher Erweckung wahren und wecken möchte und mich als ein Glied des modernen Pietismus weiß.

Nun darf ich euch, liebe Brüder und Schwestern, heute grüßen mit dem verlesenen Gotteswort. An meinem Ordinationstag 1938 predigte ich über 1. Korinther 2:

»Denn ich hielt mich nicht dafür, dass ich etwas wüsste unter euch, als allein Jesum Christum, den Gekreuzigten.«

Heute ist der Text noch kürzer: »Alles und in allen Christus.«

Das heißt als Erstes:

1. Alles – Christus!

Nicht nur: Christus, mein Vorbild; Christus, mein Meister; Christus, mein Leben. Nein: Christus – alles!

Das ist eine Aussage von Totalität. Da ist Gewicht drin, und zwar ein Bruttogewicht, denn das schließt meine Gottlosigkeit ein. Hier kommen zwei Superlative zusammen:

»Nichts hab ich zu bringen, alles, Herr, bist du!«

Das macht uns Paulus deutlich. Welche hohen Aussagen macht er von Christus: »Von ihm und durch ihn und zu ihm sind alle Dinge.« Und zugleich welche Armutsaussagen macht er von sich selbst: Er sei eine »unzeitige Geburt . . . , der geringste unter den Aposteln, der ich nicht wert bin, dass ich ein Apostel heiße«. In der Jüngerschaft kommen zwei Abgründe zusammen: der Abgrund seiner ewigen Liebe und der Abgrund meiner Sünde und Untreue. Ich bin nichts aus mir selber. Was ich bin, bin ich durch Christus. Christus ist nicht dazu da, einzelne Beulen auf meinem bürgerlichen Anzug glatt zu bügeln, einzelne Fauxpas' wieder in Ordnung zu bringen, Christus ist totale Vergebung, weil ich bis in den Atemzug hinein total verloren bin. Gott schenke mir, dass durch all meine Verkündigung beides deutlich werde:

Was bin ich, wenn es mich betrifft?
Ein Abgrund voller Sündengift.
Was bin ich, Lamm, in deiner Pracht?
Ein Mensch, der Engel weichen macht.

Jetzt kommt ein Zweites:

2. »In allen Christus!«

Jeder, der in persönliche Lebensgemeinschaft mit Jesus kommt, das heißt, der ein Jünger Christi wird, macht eine wunderbare Entdeckung. Er sieht auf einmal Brüder und Schwestern mit sich auf dem Wege Jesus nach. Hier stehen wir vor dem Wunder der Gemeinde: »In allen Christus!«

Bei aller Verschiedenheit des Alters und der Gaben ist das die wunderbare Entdeckung, dass ich im anderen den verborgenen Christus sehen darf. Diese Gemeinde ist vor meinem Glauben da. Luther sagt: »Die Kirche Christi ist unser aller Mutter, die uns zeugt und nährt.«

Immer schon waren Brüder und Schwestern vorher da, durch die ich die Botschaft hörte. So lebe ich auch als Jünger Christi nicht in der Isolation, sondern in einer großen, weltweiten Gemeinschaft.

»In allen Christus!«

So grüßen wir in dieser Stunde alle Leute Jesu auf dem Erdenrund, besonders die Brüder und Schwestern hinter dem eisernen Vorhang, die Gefangenen und Vermissten, die Boten auf den Feldern der äußeren und inneren Mission, die Christen in China und Korea. Gemeinde ist Glaubensheimat. Darum wollen wir bitten und das dürfen wir erwarten, dass in unseren Gottesdiensten Heimatklima herrsche. Ernst Jünger sagte einmal:

»Zweierlei ersehnt der moderne Mensch – Erleuchtung und Brüderlichkeit.«

So darf das Gotteshaus und die Gemeinde Jesu heimatliche Herberge Gottes sein. Was bedeutet das für die Heimatvertriebenen, für Einsame, Geschlagene und Gezeichnete! Besonders die im Schatten leben, sollen bei uns die ganze Helle und Wärme zu spüren bekommen, die mit Christus hereinbricht.

Nun das Dritte:

3. Wir sind berufen, Boten zu sein.

Wer von diesen Ganzheiten erfüllt ist: »Alles und in allen Christus«, der kann das nicht für sich behalten. Darüber hinaus sind wir von Gott gerufen, seine Boten zu sein. Jünger sind Brüder. Jünger und Brüder sind Boten, Boten der ewigen Heimat in einer sterbenden Welt. Wir dürfen die anderen nicht an Christus vorbeilaufen lassen; denn Christus ist der Sinn unseres Lebens. Dieser Lebenssinn erschöpft sich nicht darin, Arbeiter, Arzt, Lehrer, Hausfrau zu sein. Wir sollen zurück zum Ursprung, zu Christus. Darum darf unser Botendienst darin bestehen, Menschen auf dem Wege zu ihrer letzten Bestimmung behilflich zu sein.

So möchte ich unter euch als ein Bote sein. Als Bote Jesu Christi möchte ich den Menschen meiner irdischen Heimat auf dem Wege zur ewigen Heimat ein Gefährte und ein Gehilfe sein. Ich kann das nicht, aber ich darf es! Was bei den Menschen unmöglich ist, das ist möglich bei Gott. Was du suchst und was du brauchst, ist nicht Musik, nicht Sport, nicht der Rausch, nicht das Aufgehen in Beruf und Ehe. Du brauchst Christus. Christus aber ist unser Friede, ist totale Vergebung, ist Erfüllung, ist ewige Bestimmung. Wer ihn hat, der hat den Rücken frei und eine Zukunft ohne Ende.

Es ist in jedem Ding ein Klang wie in der Kirchenglocke.
Es wartet auf den Glöckner bang, dass er den Sang entlocke.

Darum geht es, durch die Botschaft des Mundes und der Hand, durch Reden und Schweigen im andern das Heimweh nach Christus wachzurufen. Gott will durch dich im Leben des andern eine heilige Geschichte anfangen und fortführen. Am Throne Gottes wird einmal nicht wesentlich sein, wie man dich geschätzt hat und wie viel du verdient hast. Aber das wird kostbar sein, wenn einige Menschen da sein werden, die Gott danken, dass du da warst.

Am Treppenaufgang unserer Erlöserkirche steht vermerkt, dass die älteste Urkunde ihres Bestehens in das Jahr 1072 weist. Wie viele Menschen werden in den 900 Jahren auf diesem Platz die Botschaft von Jesus gehört und das Lob Jesu gesungen haben? Heute darf ich hier die Botschaft sagen und in Kürze, so Gott will, an der Seite meines lieben Bruders Pastor Stein, in der Kreuzkirche.

Wir stehen in der Zeit steigender Schatten. Apokalyptische Fronten werden sichtbar. Wir leben in dem Zwischenzustand zwischen der Erhöhung und Wiederkunft Christi. In dieser Zwischenzeit ist die Gemeinde des Herrn gerufen, glaubend, liebend, rufend ihren Weg im Glauben zu gehen. Das möchte ich sein:

Jünger – Bruder – Bote.

Das darf ich sein, weil er mich berufen hat. Dazu bist auch du berufen, wie alt du seist, wie begabt oder beschränkt du seist. Welch eine Aussicht! Welch eine Würde!

Möge dieser Gottesdienst für viele eine Lockung zu Christus hin sein. Du musst dich ganz loslassen und kommen, zu Jesus kommen. Er wartet. Er ruft dich. Er braucht dich.

Amen.

Zu Christus kommen heißt nach Hause kommen

Rundfunkpredigt am 11. Oktober 1953

Predigttext: *Lukas 15,1–10*

Liebe Gemeinde!

Bei einer der monatlichen Untersuchungen im russischen Gefangenenlager Nikolajew am Schwarzen Meer waren 21 Kameraden arbeitsunfähig geworden. Ich war auch dabei. Jäh brach die Heimkehrhoffnung auf. Es folgte noch eine Untersuchung, bei der nur 19 Gefangene für den Heimattransport freigestellt wurden. Ein Kamerad und ich wurden ausgeschlossen. In diesem Augenblick raunte der enttäuschte Kamerad mir zu: »Gott hat uns beide vergessen.« Dieses Wort vom Vergessen Gottes verfolgt mich bis heute als Stimme verwundeter und verbitterter, geschändeter und verschuldeter Menschen.

Durch das Schicksal in den Staub gefallen wie der verlorene Groschen! Durch Schuld von der bergenden Gemeinschaft abgekommen wie das verlorene Schaf! Von Gott vergessen und verstoßen, herausgeworfen aus der gewohnten Bahn, fortgerissen von den Haltetauen menschlicher Geborgenheit: Heimat – Familie – Beruf – Freundschaft – Gesundheit.

Erkennen wir uns in diesen Bildern wieder, auch wenn wir inzwischen wieder einen bescheidenen oder auch gehobenen Lebensstandard erreicht haben? Oder schalten wir ab und sagen: »Das ist nichts für mich?« – Lasst uns, die vermeintlich Fortgeworfenen wie die vermeintlich Heilgebliebenden, still werden unter der Botschaft Jesu.

1. Jesu vermisst den einen unter der Masse!

Dem Hirten fehlt das eine unter hundert Schafen. Der Frau fehlt der eine Groschen unten vielen Geldstücken: Könnten das Schaf und der Groschen reden, so würden sie vermutlich sagen: »Ob ich überhaupt vermisst werde? Ob einer nach mir fragt? Ich bin ja doch überflüssig!« – In der Tat, das wäre logisch gedacht; denn hinter einem, der ausfällt, stehen hundert Anwärter. Die Arbeitskraft wird ausgewechselt. Vielleicht vermissen mich ein paar nächste Angehörige und Freunde – vielleicht im Ernst auch keiner. Und ich wäre so gerne einem unentbehrlich gewesen.

Nun höre, du X-Beliebiger: Einer vermisst dich! Einem fehlst du! Im Hause Gottes und am Herzen Gottes. Und dieser Eine ist Jesus, der Sohn Gottes.

Aber höre weiter!

2. Jesus geht dem einen nach!

Das Gleichnis Jesu spricht deutlich. Der Hirte macht sich auf, die Frau geht auf die Suche nach dem verlorenen Gegenstand. Hier meldet sich freilich unser Widerspruch an: Tut das wirklich ein vernünftiger Hirte, dass er 99 Schafe in der Wüste der Gefahr preisgibt, um eins wiederzufinden? Man muss in dieser rauen Welt eben mit Verlusten rechnen. Was bedeutet schon ein Prozent Verlust? Sollte die Frau die ganze Wohnung auf den Kopf stellen? Der dumme Groschen wird sich schon wieder finden. Und wenn nicht – was sind schon 10 Pfennig! So denken wir. Aber so denkt Jesus nicht, wenn es um den Menschen geht. Ihm ist der eine unter Millionen so wichtig, dass seine ganze Liebe ihre Aufmerksamkeit und Kraft aufbietet.

Höre die Botschaft:

»Kann auch ein Weib ihres Kindleins vergessen, dass sie sich nicht erbarme über den Sohn ihres Leibes? Und ob sie desselben vergäße, so will ich doch dein nicht vergessen«, spricht der Herr, dein Erbarmer. Und weiter: »Also auch ist's vor eurem Vater im Himmel nicht der Wille, dass jemand von diesen Kleinen verloren werde.«

Nun sieh einmal in diesem Licht dein Leben, du Bruder, du Schwester. Auf wie vielen Fluchtwegen ist er dir nachgegangen. Bei wie vielen Verschwiegenheiten hat er dich gestellt. Getauft auf den Namen Jesu, getroffen von einem Gotteswort, bewahrt in eiskalter Todesgefahr, wunderbar beschenkt durch eine menschliche Begegnung! Und du willst dreist behaupten, der Herr habe sich dir noch nicht vorgestellt! Treibe mit den Gottesgeheimnissen in deinem Leben keinen Spott. Und solltest du wirklich ahnungslos sein, dann bist du spätestens heute gemeint.

Aber es geht noch weiter:

3. Jesus holt den einen selber ab!

Der Hirte nimmt das verwundete Schaf auf seine Schulter. Die Frau hebt den Groschen aus dem Staube. Es geht um zwei Bewegungen der Liebe Gottes. Die eine geht mir nach, bis dass sie mich findet – die andere führt mich bis ans Herz Gottes. Die Bibel spricht diese beiden Bewegungen mit den Worten Gnade und Friede aus. Gnade ist das, was ganz nahe zu mir kommt – der Sohn Gottes musste in allen Dingen uns gleich werden und noch tiefer als in unsere tiefsten Abgründe hinabgestoßen werden. Friede ist das Handeln Gottes, das mich annimmt um des ausgestoßenen Christus willen.

»Und mich mit den ärmsten Armen des nun getrösten darf,
der sein grenzenlos Erbarmen zu uns in den Abgrund warf.«

Wer diese Botschaft hört und zu Herzen nimmt, kann hinfort nicht mehr das moderne Gottlosenbekenntnis sprechen: »Wir haben keinen, bei dem wir uns aufgehoben wissen.«

4. Jesus macht aus der Heimkehr eines Abgekommenen ein Freudenfest!

Fünfmal kommt in diesen zehn Versen das Wort Freude vor. Es geht immer nur um diese eine Freude. Der Vermisste ist wieder da! Von drei Personenkreisen wird uns berichtet, dass sie sich freuen.

Der Fröhlichste ist Jesus selbst, der gefunden und zurückgebracht hat. Der zweite Kreis sind die Leute aus der Nachbarschaft und Umgebung. *»Freuet euch mit mir, denn ich habe gefunden, was ich verloren hatte.«* Damit ist die Gemeinde Christi gemeint, die im Glauben schon am heimatlichen Ort ist, weil sie Frieden mit Gott hat. Das sind die wahren Feste der Kirche, wenn Menschen von Gott hinzugetan werden zu der Gemeinde und durch Buße und Glauben Frieden mit Gott finden. Und nun kommt noch ein dritter Kreis. Wir halten den Atem an. Der Himmel tut sich auf. Die ganze unversehrte und erlöste Welt Gottes gerät in festliche Freude, wenn einer das Misstrauen wegwirft und zum Glauben kommt.

So ergeht heute Morgen die Botschaft des Herrn an dich und mich:

»Fürchte dich nicht, denn ich habe dich erlöst; ich habe dich bei deinem Namen gerufen; du bist mein.« – »Weil du so wert bist vor meinen Augen geachtet, musst du auch herrlich sein, und ich habe dich lieb.«

5. Eine Gruppe macht beim Freudenfest nicht mit!

Das sind die, die nicht wissen, wie groß das Heimweh der zuschanden Gewordenen nach Vergebung, Heil und Leben ist. Sie sind fromm, aber nicht froh; sie sind genervt, aber nicht barmherzig. Und darum ist ihre Frömmigkeit und ihre Gerechtigkeit vor Gott ein Gräuel. Luther sagt: »Christus niemandem schmecket denn einer durstigen und hungrigen Seele.« Ich las einmal in einer alten Legende vom Jüngsten Gericht, wie die schwerste Anklage Gottes lautete: »Du hast dich breitspurig durch deine lieblose Frömmigkeit vor die Tür des Vaterhauses gestellt und anderen die Schritte über die Schwelle verleidet.« – Damals waren es die Pharisäer und Schriftgelehrten, die für die Heilandsfreude ein überlegenes Lächeln hatten. Wo mag die Gruppe der Unbewegten heute sein? Gehören du und ich zu ihr? Der ist in Wahrheit arm und verloren, der das Heil Jesu für eine Sentimentalität hält. Musst du noch spürbarer abkommen? Ist der Scherbenhaufen deiner Schuld noch so niedlich klein, dass du ihn mit eigener Hand wegfegen kannst? So sagt Dostojewski: »Alle sind an allem Schuld und ich am allermeisten.« Höre das Glaubenswort eines noch lebenden Dichters: »Christus hat mich von mir selber frei gemacht. Ich wäre an mir zugrunde gegangen, darum danke ich ihm.« Lass es dir an diesem Morgen noch einmal mit den Worten Bodelschwinghs sagen:

6. »Zu Christus kommen heißt nach Hause kommen!«

Das sagt alles. Wir, du und ich, sind zunächst nicht da, wohin wir gehören. Wir sind verlorenes und verdorbenes Eigentum! Wir sind wie ein in den Staub gefallener Groschen. An den Zäunen unserer Pläne und Wünsche hat sich das gottlose Herz wund gerieben und ist einsam geworden im Niemandsland.

Auf der Flucht vor Gott, und darum im Widerspruch mit uns selbst und dem Nächsten, im Hader mit unserem Schicksal; – so machen wir uns im Heißhunger nach wirklichem Leben auf und meinen, wir könnten uns an unseren Freuden satt trinken. Wir werden schuldig und ziehen andere mit hinein. Gott aber sei Dank, der unserem Jammer ein Ende gebietet. Er hat uns nicht allein gelassen. In Jesus Christus wird uns etwas geboten, was uns sonst niemand geben kann. Heimkehr ans Herz Gottes, ins Haus Gottes, zielsichere Hoffnung auf die neue Welt Gottes. Jesus ging in die Tiefe der Sünde und des Todes, um eine versehrte Menschheit frei und heil zu machen. Seine Liebe trieb ihn fort vom Vaterhaus, damit Raum würde für Heimkehrende.

Weißt du, dass Christus Anspruch an dich hat, seit er der Welt Sünde am Kreuz auf sich nahm? Du wirst an höchster Stelle vermisst. Überlass dich den Händen der ewigen Liebe, die längst nach dir gegriffen haben. Wage ein ganzes Vertrauen und lass dich aufheben mit deiner Vergangenheit, Gegenwart und Zukunft, mit Leib und Seele, im Leben und im Sterben. Dann wird es in deinem Herzen heimatlich – dann darf auch der Bruder an deiner Seite Hoffnung zu Christus hin fassen – und dazu bist du da in einer heimatlosen Welt.

Du bist dazu da, um dich von Jesus zurückholen zu lassen und es den Menschen in deiner Umgebung leichter zu machen, zu glauben, zu leben und zu lieben!

Warum bleibst du in der Angst,
Bruder, der du so verlangst
endlich heimzufinden?
Komm dein Heiland ist dir nah,
gib dein Herz, sag endlich ja,
weil dich Gott gefunden.

Amen.

Gott will Familie

Jugendgottesdienst am 2. Mai 1954

Predigttext: *Römer 15,7*

Gott spricht: »Wunderbar soll sein, was ich bei dir tun werde.«

Liebe Gemeinde!

Hier zeige ich eine Karte, die ich am 14. Oktober 1947 in Nikolajew in russischer Gefangenschaft zum Goldenen Hochzeitstag meiner Eltern geschrieben habe. Was man in russischer Gefangenschaft schreibt, das hat eine gewisse Gültigkeit. Ich lese ein paar Sätze vor:

»Meine heiß geliebten Eltern! Euer Goldener Hochzeitstag ist für uns alle ein Feiertag. Nur Dankbarkeit und Freude darf herrschen. Welch eine Segensernte in 50 Jahren: Kinder und Kindeskinder sind durch euch gesegnet. Ihr habt uns das Elternhaus zu einem Paradies gemacht.«

Mit dieser Karte möchte ich die Predigt beginnen zum Tage der evangelischen Familie.

Nun wollen wir uns aus Gottes Wort sagen lassen, was Gottes Wille über einer Familie ist. Das geht uns ja alle an, auch wenn wir jetzt ganz allein stehen sollten: Wir sind aus einer Familie hergekommen, und wenn es eine amputierte, gestörte Familie gewesen wäre. Wir haben Vater und Mutter gehabt, und wenn es auch solche Eltern gewesen wären, die ihre Vater- und Mutter-Art verscherzt haben. Wir sind alle aus einer Familie hervorgegangen oder dürfen noch darin leben und dürfen noch Vater und Mutter, Kinder, Brüder und Schwestern haben. Wir alle wollen ganz still zuhören.

1. Gott will Familien, in denen das Evangelium eine Heimat hat.

»Nehmet euch untereinander auf, gleichwie euch Christus hat aufgenommen.« Zunächst: Gott will Familie. Ehe und Familie ist nicht eine menschliche Erfindung, auch nicht nur ein Gesellschaftsvertrag, sondern eine Schöpfungsordnung Gottes.

Das ist Gottes Wille, dass es zweierlei Geschlecht gibt mit der ganzen Freude und Spannung und Not, die das in sich schließt. Das ist Gottes Wille, dass ein Mensch an seiner Seite einen anderen hat und die beiden einander eine Lebenshilfe sind. Es ist Gottes Wille, dass die Eltern mitbeteiligt werden dürfen am Schöpferwerk und Kinder geschenkt bekommen. Eine geheimnisvolle Sache! Gott hätte es ja auch anders machen können. Er hat es aber so gewollt, dass im Mutterleibe ein kleines Wesen heranwächst. Gott will Familie! Dass dabei viele Lebensführungen als Rätsel des Lebens anders gehen, dass mancher allein seine Straße ziehen muss, dass manche Ehe kinderlos bleibt, der man Kinder so sehr wünschte, und an anderer Stelle viele Kinder sind, wo es besser wenige wären, dass in einer Familie die Kinder aufwachsen, und dass sie anderen in der Frühe genommen werden, das alles sind Rätsel und Fragen, die in unseren Herzen aufkommen. Aber das hindert uns nicht zu sagen: Gott will Ehe und Familie. Er will in der uferlosen Weite der Welt den Raum mit bergenden Wänden schaffen. Er schenkt uns Menschen, zu denen wir »Vater«, »Mutter«, »Bruder«, »Schwester«, »Sohn«, »Tochter« sagen dürfen.

Aber Gott will Familien, in denen das Evangelium eine Heimat hat, die gleichsam eine Herberge der frohen Botschaft sind. Das erinnert uns daran, dass mit der Ehe und Familie irgendetwas nicht mehr stimmt. Es heißt doch bei der Schöpfung des Menschen: »Und siehe da, es war sehr gut«, auch die Ehe. Aber dann trat etwas ein, was eine ganz tiefe Störung brachte in die Harmonie der Welt und des Kosmos. Das war die Sünde, die Sonderung von Gott. Und nun stehen wir vor der Tatsache, dass es nichts mehr auf dieser Erde gibt, was seine ursprüngliche Reinheit hat, sondern dass nun alles in einem rätselhaften Widerspruch steht: Die Welt sehnt sich nach

Frieden – und kommt aus den Kriegsängsten nicht heraus. Das menschliche Herz sehnt sich nach Gott – und ist doch dauernd auf der Flucht vor ihm. Zwei Menschen möchten in der Ehe einander wirklich von Herzen lieb haben – und können sich doch manchmal bewusst weh tun, auch in der besten Ehe, und alle können ohne die Vergebung nicht auskommen. Darum gibt es in dieser gefallenen Welt Ehe und Familie nur noch in einer versehrten, kranken Form. Wir leiden an uns selbst, an den anderen, die anderen leiden an uns, und wir sind zerfallen mit Gott. Das ist die Ursache allen tieferen Leides.

Darum ist Ehe auf dieser Erde eine Gemeinschaft von zwei sich tragenden Schwächen, wie bei einem gotischen Spitzbogen. Wer sich ein anderes Bild davon macht, wird spätestens am dritten Tage enttäuscht. Ehe ist, wie Luther einmal gesagt hat, ein Asyl, eine Notzuflucht, die Gott uns schenkt, damit wir einander in der heimwehkranken Uferlosigkeit dieser Welt das Leben etwas leichter machen in dieser leiblichen, seelischen und geistigen Gemeinschaft. Die darf dann so wunderschön sein, dass Matthias Claudius am Silberhochzeitstag seiner Frau schreibt:

Ich danke dir mein Wohl, mein Glück in diesem Leben.
Ich war wohl klug, dass ich dich fand;
Doch ich fand nicht. Gott hat dich mir gegeben;
So segnet keine andre Hand.

Gott will Familien, in denen das Wort vom Kreuz die Mitte der Gemeinschaft ist. Ist das nicht wunderbar, dass ein Haus, eine Ehe, eine Familie wissen darf um des Kreuzes Last, die Jesus für uns getragen hat, und dass einer vom anderen wissen darf: Auch er ist nur ein begnadigter Sünder? Ist das nicht herrlich, dass eine Gemeinschaft von Ehegatten, von Eltern und Kindern miteinander leben darf aus der Vergebung der Sünden. – Und damit kann man immer neuen Anfang machen. Ich werde nie vergessen, dass zwischen meinen Eltern, als ich etwa neun Jahre alt war, an einem Abend ein kleiner Wortwechsel war. Ein peinliches Schweigen lag eine halbe Stunde lang über der Familie. Dann stand mein Vater auf und sagte: »Wir wollen uns die Hand reichen, wir gehören doch von Gott her zusammen«. Da war die Luft wieder rein. – Ohne Vergebung geht es auf die Dauer nicht, weil wir immer wieder schuldig werden; aber wo Vergebung der Sünde ist, da ist Leben und Seligkeit!

Und nun frage ich: Ist in deiner Familie eine Bibel? Hat die Bibel nur einen wunderschönen Platz im Bücherschrank? Oder nimmst du sie auch täglich in die Hand? Ich war kürzlich in einem Jugendkreis, in dem eine ganze Reihe Jugendlicher waren, die keine Bibel zu Hause haben. Aber die »Constanze« und andere Illustrierte sind sicher da! Aber das ist kein Trost im Leben und im Sterben! Geh morgen am Tage in die Buchhandlung und kauf dir eine Bibel. Und dann schlag einmal Psalm 23 auf: »Und ob ich schon wanderte im finstern Tal, fürchte ich kein Unglück …« – Ist ein christlicher Kalender in deinem Hause? Wie schön, wenn man gemeinsam einen Kalender liest!

O selig Haus, wo man dich aufgenommen,
du wahrer Seelenfreund, Herr Jesu Christ!
O selig Haus, wo Mann und Frau in einer,
in deiner Liebe eines Geistes sind.
O selig Haus, wo man die lieben Kleinen
mit Händen des Gebets ans Herz dir legt.

Hast du ein solches Haus kennen gelernt? Ich habe es kennen gelernt und ich werde meinen Eltern noch am Throne Gottes dafür danken.

2. Gott will Familien, in denen die Liebe Christi eine Heimat hat.

»Nehmet euch untereinander auf, gleichwie euch Christus hat aufgenommen.« Und wie hat Christus den aufgenommen, der zu ihm kam? Er hat gesagt: Komme mit all deinen Scherben, mit all deiner Last, komm! Das sagt er voraussetzungslos. Viele denken:

Was wird werden, wenn ich mich mit ihm einlasse? Komm doch erst einmal!

Er hat sich selbst verschenkt an dich und mich, so hat er uns geliebt. Nun heißt »Nehmet euch untereinander auf«, dass wir – wenn auch stümperhaft – etwas von dem ausüben aneinander, was Christus an uns tat; dass wir einander etwas schenken von unseren Kräften, von unserer Zeit, von uns selbst, auch gerade im Raum unserer Familie. Das ist die Liebe Christi in einer Familie. Es gibt ja auch eine begehrende Liebe. Auch die erotische Liebe ist ein Gottesgeschenk; aber in dieser gefallenen Welt ist immer das Begehren dabei, stellt sich der Mensch immer wieder selbst in den Mittelpunkt. Die Liebe Christi, die *Agape*, verschenkt sich selbst, ohne Verdienst des anderen. Es ist wunderbar, dass in einer christusgläubigen Ehe der Eros, diese Liebe, die den anderen um seiner Gestalt und seines Wesens willen liebt, erlöst und überhöht wird von der Liebe Christi, die sich selbst gibt, ohne nach der Würdigkeit zu fragen.

Jetzt möchten wir das besonders sehen im Blick auf die Beziehung zwischen Eltern und Kindern. Wir haben im 1. Abschnitt mehr von den Ehegatten gesprochen. Weißt du, Vater und Mutter, dass den Kindern an dir etwas aufgehen soll vom Vaterbild Gottes und von der mütterlichen Liebe Gottes? »Nur, wer auf dieser Erde eine richtige Heimat kennen gelernt hat, kann sich auf die himmlische richtig vorfreuen«, sagt Bodelschwingh. Weißt du, dass du von Gott her dazu berufen bist, ein Repräsentant Gottes zu sein? Darum heißt doch Gott der Vater. Dem Jungen und Mädel soll am Bilde des eigenen Vaters etwas aufgehen von dem Vaterbild Gottes. Unsere modernen Nervenärzte haben festgestellt, dass Kinder, die ein verzerrtes irdisches Vaterbild kennen gelernt haben, schwer ein rechtes Verhältnis zu Gottes Vaterbild finden können. Was für eine königliche Aufgabe für die Eltern, dass einem Kinde an den Eltern etwas aufgehen darf von der Fürsorge und Liebe Gottes, dass sie an der Vergebungsbereitschaft der Eltern untereinander etwas merken dürfen von Gottes Vergebung, dass sie aber auch an der Strenge der

Eltern, wenn es um die Sünde geht, erkennen, wie ernst Gott die Sünde nimmt. Mit anderen Worten: Das Leben der Familie darf ein heiliges Anschauungsbild werden für die Wirklichkeit des Glaubens. Der große Pädagoge Pestalozzi hat ja gesagt, dass das Geheimnis der Erziehung in der Anschauung liegt, und Walter Flex spricht es so aus: »Im Hause muss beginnen, was blühen soll im Vaterland.«

Was man im Elternhaus als Vorbild empfangen hat, ist eine größere Erbanlage als die größte Geldsumme. So muss Matthias Claudius beim Tode seines Vaters sagen:

Träufte mir von Segen, dieser Mann,
wie ein milder Glanz aus bessern Welten!
und ich kann's ihm nicht vergelten,
was er mir getan!

Und nun ihr Jungen und Mädel, ihr Kinder! Dankt Gott für jeden Tag, an dem ihr noch Vater und Mutter haben dürft. Ihr seid von Gott gerufen zum liebenden, ehrenden Gehorsam gegen diese Repräsentanten Gottes. Gott will euch durch sie segnen, und wenn es ein harter Segen wäre; ehret dennoch Vater und Mutter! Selbst ein Rabenvater oder eine lieblose Mutter bleiben eure Eltern, auch wenn schmerzliche Konsequenzen gezogen werden müssen. Als Beethoven seinen Vater entmündigen lassen musste, weil er trank, blieb der alte Beethoven doch sein Vater.

»Nehmet euch untereinander auf, gleichwie euch Christus hat aufgenommen«. So darf die Familie die große Übungsschule der tragenden, vergebenden Liebe sein, eine Kirche im Kleinen, eine Zelle der Gemeinde Jesu.

3. Gott will Familien, in denen das Loben und Danken eine Heimat hat.

»Nehmet euch untereinander auf, gleichwie euch Christus hat aufgenommen zu Gottes Lobe.«

Ach, hier wird mir das Herz ganz weit! Betest du auch für die deinen? Trägst du Mann deine Frau, du Frau deinen Mann und deine Kinder auf betendem Herzen? Und du Sohn oder Tochter deine Eltern und Geschwister? Weißt du Frau, dass du durch deine Fürbitte deinen Mann auch im Beruf begleiten kannst? Ein Universitätsprofessor hat einmal geschrieben: »Ich habe der Fürbitte meiner Frau bei meinen Operationen viel zu verdanken.«

O selig Haus, wo man die lieben Kleinen
mit Händen des Gebets ans Herz dir legt!

Und wenn Gott dir ein Kind früh nimmt, so darf es doch unbewusst schon von dem betenden Vater und der betenden Mutter etwas empfangen haben. Man weiß ja heute, dass das 1. bis 5. Lebensjahr Entscheidendes bedeutet für die Prägung eines Menschenlebens. Fange heute an, jeden Morgen für deine Familie zu beten. Betet ihr auch miteinander? Mir bleibt unvergesslich, wie mein Vater an jedem Sonntagmorgen mit der ganzen Familie ein längeres freies Gebet sprach. Wo kein Beten im Hause geschieht, geht es auf die Dauer nicht gut.

Aus dem Beten kommt dann das Loben und Danken. Vielleicht ist dir das heute Morgen sehr schmerzlich, vielleicht hast du etwas Verwundendes erlebt in der letzten Woche. Dann darfst du schweigend im Herzen solchen Vers durchbeten:

»Leidet jemand unter euch, der bete; ist jemand gutes Muts, der singe Psalmen«! So nüchtern ist die Bibel, dass sie einem Leidenden nicht aufdrängt zu singen.

Jetzt hast du gemerkt, du Vater, du Mutter, du Mann, du Frau, du Sohn, du Tochter, dass du auf deine Weise beitragen kannst, dass deine Familie eine Heimat wird des Evangeliums, der Liebe Christi und des Lobens und Dankens. Du kannst anfangen, und wenn du um des Glaubens willen allein stehen solltest in deiner Familie; du kannst im Lieben der Erste sein. Du kannst an deiner Stelle mit dem Dynamit des Gebets beginnen. Du sollst sehen, dass etwas daraus wird; denn er hat durch seine Boten gesagt: »Glaube an den Herrn Jesus Christus, so wirst du und dein Haus selig.«

Aber vielleicht sagst du: Ich bin ganz allein. Ich habe keine Eltern und Geschwister und Kinder, keinen Mann und keine Frau. Dann darf dein kleiner Raum, dann darf dein Leben eine Heimat des Evangeliums, der Liebe, des Lobens und Dankens sein. Denn Jesus hat gesagt: »Wer an mich glaubt, von des Leibe werden Ströme des lebendigen Wassers fließen.«

Es gibt allein stehende Menschen, die haben viel mehr Ausstrahlungskraft als manche kinderreiche Familien. Oder wenn du in einem Heim bist, im Kinderheim, Lehrlingsheim, Altersheim: Auch eure Hausgemeinschaft darf eine Stätte sein, wo die Botschaft von Jesus eine Heimat hat und wo man sich begegnet in der Liebe Christi und wo Lob und Dank zu Hause sind.

Gott grüße und segne jedes Haus, das solch eine Stätte ist oder werden wird, eine Stätte, wo die Botschaft von Jesus eine Heimat hat und wo die Liebe praktisch geübt wird.

Amen.

Die Zeichen der Zeit erkennen

Jugendgottesdienst am 15. Februar 1959

Dem aber, der über alles hinaus zu tun vermag, über die Maßen mehr, als wir erbitten oder erdenken, gemäß der Kraft, die in uns wirkt, ihm sei die Herrlichkeit in der Gemeinde und in Christus Jesus auf alle Geschlechter hin von Ewigkeit zu Ewigkeit! Amen.

Predigttext: *Matthäus 16,3*
Jesus Christus spricht: »Könnt ihr denn nicht auch über die Zeichen dieser Zeit urteilen?«

Meine Lieben!

Der erste Gottesdienst hier in der Christuskirche mit dem Termin 11 Uhr ist zugleich das 10-jährige Gedenken für die Einrichtung der Jugendgottesdienste in Lüdenscheid.

Im Februar 1949, und zwar Ende Februar 1949, wurde ich damals in der Erlöserkirche als Jugendpfarrer eingeführt. Damals hielt Superintendent Köllner die Einführungsansprache über die Losung, die am 22. September 1948, meinem Heimkehrtag aus russischer Kriegsgefangenschaft, in den Losungen der Brüdergemeine zu finden war:

1. Korinther 16,9: »Mir ist eine große Tür aufgetan, die viel Frucht wirkt, und sind viele Widersacher da.«

Jetzt haben wir zehn Jahre hinter uns. Wir wollen hier nicht von der Ernte der zehn Jahre sprechen; davon ist etwas deutlich geworden am 20. Juli 1958, als wir den hohen Tag der Einweihung unseres neuen evangelischen Jugendheimes in der Mathildenstraße hatten. Inzwischen ist dort das Leben vielfach eingekehrt in dem neuen Haus.

Wir wollen heute einmal für uns, ob wir Jugendliche oder Erwachsene sind, im Blick auf die zehn Jahre den Monatsspruch hören aus dem Munde des Herrn Jesu: »Könnt ihr denn nicht auch über die Zeichen dieser Zeit urteilen?« Und das gilt für den Lüdenscheider Raum und weit darüber hinaus, für das Vaterland und weit darüber hinaus, das betrifft das ganze Weltall.

Was meint denn das Neue Testament mit den Zeichen der Zeit? Damit meint es nicht die Einteilung der Weltgeschichte in ganz bestimmte Epochen mit ganz bestimmten Ereignissen, so wie wir ja die Weltgeschichte einteilen in Altertum, Mittelalter, Neuzeit und die neueste Zeit. Sondern mit den Zeichen der Zeit meint das Neue Testament ganz bestimmte Vorsignale vor der Vollendung der Verheißung Gottes. Wenn wir als das Hauptsignal – nach dem Bilde der Bundesbahn – die Wiederkunft des Herrn Jesu sehen, dann sagt dazu das Neue Testament: Bevor dieses Hauptsignal gegeben wird, gibt es eine Reihe Vorsignale.

Was gehört nun zu den Zeichen des nahenden Weltendes?

Zunächst die Staatwerdung Israels am 14. Juli 1948 als Ereignis unserer gegenwärtigen Zeit nach dem 2. Weltkrieg. Seit dem Jahre 70 nach Christi Geburt hat Israel als Volk keinen staatlichen Bildungsverband mehr gehabt, keine Botschafter, keine Regierung, keine Handelsmission, kein Militär, nichts. Es ist rätselhaft, was dieses Volk erlebt hat, wie es durch allerlei schwere Zeiten hindurchgehend erhalten geblieben ist bis zur Staatwerdung. Was hat Jesus gesagt, was wird geschehen kurz vor seiner Wiederkunft? »An dem Feigenbaum lernet ein Gleichnis: Wenn sein Zweig jetzt saftig wird und Blätter gewinnt, so wisst ihr, dass der Sommer nahe ist!«

Heute muss man im Nahen Osten mit dem Staate Israel rechnen, wirtschaftlich, politisch, militärisch.

Ein anderes Zeichen. – Jesus hat gesagt: »Ihr werdet aber hören von Kriegen und Kriegsgeschrei ... Es wird sich empören ein Volk gegen das andere ... Und Menschen werden verschmachten vor Furcht und vor Warten der Dinge, die kommen sollen auf Erden.«

Wir leben seit dem Jahre 1914 im Zeitalter weltkriegerischer Entwicklungen, und es ist genug gesagt, wenn man in diesem Zusammenhang nur das eine Wort »Atom« hört. Ein weiteres Zeichen: Jesus hat gesagt: »Die Ungerechtigkeit – wörtlich: die Maßlosigkeit – wird überhand nehmen.« Welche Maßlosigkeit? Ich darf es mal mit modernen Worten sagen. Maßlosigkeit in der Arbeit: »Nur Arbeit war sein Leben!« Maßlosigkeit im Anschaffen: Noch den letzten Schrei muss ich haben! Maßlosigkeit im Genießen. Maßlosigkeit im Reisen, Maßlosigkeit im ganzen Gestalten der familiären Feste. Wir stellen uns mit darunter! Adalbert Stifter hat einmal gesagt: »Sterbende Völker verlieren ihr Maß.« Die innere Ehrfurchtslosigkeit, die den Menschen beherrscht, frisst am Mark der Gesundheit unseres Volkes. Was ist der andere schon? Der hat dieselbe Wäsche an wie ich ... Ich könnte noch weitere Zeichen nennen.

Die Menschen werden sich verzehren nach den Dingen, die da kommen werden. Es wird eine Zeit der Sensationen werden, wo man schon morgens früh sich erkundigt: »Was gibt es Neues?« Merkt ihr etwas davon? Wonach greift der moderne Mensch? Er fragt nach dem, was der Rundfunk sagt. Was bringt die Bild-Zeitung? Was war der neueste Totschlag, der letzte Scheidungsprozess, der höchste Weltrekord? So fragt man und sucht auch in den technischen Dingen immer das Neueste.

Das geht ja auch heute so im Zeitalter der Fernschreiber, des Rundfunks, des Fernsehens. Das ist ja alles in den letzten zehn Jahren überstürzt geschehen. Als der Koreakrieg begann, da wurde einen Tag später in Lüdenscheid der Zucker teurer. Das hat es früher nicht gegeben. Wie hieß es doch in Goethes Faust? »Es ist so schön, am Fenster zu sitzen, wenn man hört, dass irgendwo hinten in der Türkei die Leute sich schlagen.« Heute ist es so: Wenn Eisenhower einen Herzdefekt bekommt, steigen oder fallen die Kurse an den Börsen, und wenn der amerikanische Außenminister Dulles Krebs hat, dann hält die westliche Welt den Atem an.

Merkt ihr diese globalen Zusammenballungen, die alles zusammenballen, was früher Jahrzehnte brauchte? Wenn heute in einem Land der Hula-Hoop-Reifen aufkommt, spielt morgen in Japan jedes Kind damit. Wenn es früher Jahrzehnte gedauert hat, bis etwas bekannt wurde von einer Erfindung, so ist so etwas jetzt am anderen Tag überall bekannt und am nächsten Tag wird es bereits praktiziert. So stehen die Dinge. – »Könnt ihr denn nicht auch über die Zeichen dieser Zeit urteilen?« Aber nun will ich zwei solcher Zeichen besonders nennen, die zwar nicht direkt in der Bibel verzeichnet sind, die aber doch unsere Zeit ganz praktisch und treffend bezeichnen. Es soll keiner hier im Gottesdienst sagen können: Was da gepredigt wird, was einmal vor 2000 Jahren geschehen ist, das ist für uns Menschen von heute doch nicht von Wichtigkeit. Unter diesen Zeichen will ich jetzt das Erste nennen:

1. Es ist die Tatsache, dass wir seit Januar 1959, seit fünf Wochen etwa, im »planetarischen Zeitalter« leben.

Ob uns das passt oder nicht: Es ist den Russen gelungen, den ersten von Menschenhand künstlich geschaffenen Satelliten um die Erde kreisen zu lassen. Wir hören einen Pressebericht dazu: »Wir befinden uns in einer Zeitenwende größten Ausmaßes. Aus der Maschinenzeit wurde das Atomzeitalter. Fast erscheint es, dass auch dieses schon überholt ist durch das planetarische Zeitalter, und dass wir an der Schwelle zur Raumfahrt stehen.« In einer solchen Zeit zu leben, erfordert eine solide Glaubensgrundlage.

Der Christ betrachtet das Geschehen in der Welt sehr nüchtern und gelassen, auch wenn unbemannte Raketen in zwei Jahren den Mond umkreisen sollen, wenn es in zehn Jahren künstliche Monde mit Menschen an Bord geben würde, wenn spätestens am Ende unseres Jahrhunderts der Flug zu anderen Planeten erfolgte und wenn der Mensch in 100 Jahren auf dem Mond Erze fördern würde.

Die technische Entwicklung kann, da sie einmal begonnen hat, nicht mehr gestoppt werden. Ob es uns nun passt oder nicht: Wir sind Kinder unserer Zeit und müssen in ihr leben. Es ist Gott, der für uns diese Zeit bestimmt hat.

Wir denken bei diesem Geschehen an die Worte Jesu: »Es werden Zeichen sein an Sonne und Mond und Sternen ...«

Was fordert dieses Zeichen des planetarischen Zeitalters mit seinen höchsten Anstrengungen technischer, politischer und wirtschaftlicher Art um die Erkämpfung der globalen Herrschaft des Weltalls, was fordert dieses Zeichen von uns Christen?

Ich will es so sagen: Es ist doch unmöglich, dass im planetarischen Zeitalter wir Christen leben können in einer allgemeinen, durchschnittlichen Harmlosigkeit, als hätten wir noch Jahrhunderte vor uns. Das Zeichen dieser Zeit erfordert ganze Christen. Das ist das Thema des evangelischen Männerdienstes: Die Welt braucht ganze Christen! Was heißt das? Das heißt, dass wir uns nicht mit einer allgemeinen Christlichkeit so unter dem Strich begnügen dürfen und können, wie es weithin im Raume unserer evangelischen Kirche so gang und gäbe ist: Man muss doch getauft sein und seine Kinder taufen lassen, man muss sich doch konfirmieren lassen und die Kinder konfirmieren lassen, man muss doch christlich getraut sein und christlich beerdigt werden!

Ist dagegen etwas zu sagen? Beileibe nicht. Aber wenn es nur darauf ankommt, dass ich mich in meinem Leben vier Mal kirchlichen Amtshandlungen unterwerfe und denke, man muss auch ab und zu zum Gottesdienst gehen, auch mal etwas geben für das Hilfswerk und die Mission, dann ist das noch längst nicht der Christenstand, den das Neue Testament fordert. Wir können einen solchen harmlosen Christenweg nicht beschreiten im planetarischen Zeitalter, sondern, wenn wir richtig zugehört haben, dann haben wir vorhin bei der Schriftlesung schon gehört: »Was hülfe es dem Menschen, so er die ganze Welt gewönne und nähme Schaden an seiner Seele?« Wir haben vorhin gehört: Jesus spricht: »Will mir jemand nachfolgen, der verleugne sich selbst und nehme sein Kreuz auf sich und folge mir.«

Wir haben vorhin gehört: »Denn wer sein Leben erhalten will, der wird's verlieren; wer aber sein Leben verliert um meinetwillen, der wird's finden.«

Die Welt braucht ganze Christen. Das Zeichen des planetarischen Zeitalters, das fordert, dass wir wirklich mehr auf die Botschaft Jesu hören, dass wir hören, was Paulus sagt in Römer 12: »Ich ermahne euch nun, liebe Brüder, durch die Barmherzigkeit Gottes, dass ihr eure Leiber begebet zum Opfer, das da lebendig, heilig und Gott wohlgefällig sei, welches sei euer vernünftiger Gottesdienst.« Also nicht nur Gottesdienst sonntags um halb zehn oder um elf Uhr, nicht nur Bibelstunde und CVJM und an ganz bestimmten Punkten und Höhepunkten, sondern eure Leiber: das heißt meine Hände, meine Füße, meine Augen, meine Ohren sollen den Gottesdienst tun und alles das durch die Barmherzigkeit unseres Gottes. Seht, das ist christliche Lebensbewältigung, dass ich endlich loskommen darf von mir selbst, vom Ich, meiner, mir, mich – auf Grund der Barmherzigkeiten Gottes. Denn die frohe Botschaft heißt: »Und auch dich lockt er aus dem Rachen der Angst in weiten Raum, da keine Bedrängnis mehr ist; und an deinem Tische, voll des Guten, wirst du Ruhe haben.« Das ist frohe Botschaft, wenn aus Jesu Mund das Wort kommt: »Kommet her zu mir alle, die ihr mühselig und beladen seid; ich will euch erquicken.«

Ich habe in den letzten Wochen in besonderer Weise seelsorgerliche Einblicke in die Trinkerrettungsarbeit genommen. Das ist ja nur ein Teilgebiet von vielen anderen. Meine Freunde, was gibt es da für Schlachten im Glauben zu schlagen, wo ein Mensch gefangen ist in den Fesseln und kann nicht mehr heraus und es gibt keine Hoffnung mehr, wie es scheint, und es geht über bestimmte medizinische Urteile und über eine Trinkerheilanstalt nicht hinaus. Gibt es da gar nichts mehr, was helfen kann?

Jesu Liebe kann erretten, seine Hand ist stark und treu,
er zerbricht der Sünde Ketten und macht alles, alles neu!

Das ist die frohe Botschaft. Das sind die Wege Gottes und wir haben seit dem Jahr 1959 in ganz bestimmten Fällen in Lüdenscheid eine frei machende Kraft Jesu erlebt. Das ist wunderbar. Und darum sage ich noch einmal: Das Zeichen dieser globalen Zuspitzung des planetarischen Zeitalters ruft ganze Christen auf den Plan und zwar in ganz wirklicher, praktischer Weise, die mit Leib und Seele in ihrem Leben ihrem Herrn danken und dienen möchten.

2. Das zweite Zeichen, das wir zu beachten haben, ist das Zeichen der Automation.

Auch dieser Ausdruck steht nicht direkt in der Bibel. Aber auch dies liegt in der inneren Entwicklung der Dinge: Das Zeichen der Automation.

Wir hören noch einmal ein Zeugnis aus der Presse: »Eine große Werkhalle, auf vollen Touren laufende Maschinen und weit und breit kaum ein Mensch – das ist das Bild der Automation. Zukunftsmusik? Keineswegs. Das gibt's! In einer Radiofirma in Chicago (USA) überwachen zwei Mann eine vollautomatisierte Anlage, die täglich tausend Rundfunkanlagen zusammensetzt. In derselben Stadt arbeitet eine Anlage in einem Versandhaus, die in weniger als drei Stunden Inventur macht, indem sie die Artikel des Hauses in 39.000 Sorten einteilt und gleichzeitig zählt. Inventur leicht gemacht! Durch Automation. Es gibt bereits einen Apparat, der Brückengeld erhebt, täglich die Autos und die Einnahmen zählt und sogar Geld wechselt. Fährt ein Wagen schwarz an ihm vorbei, so löst sich selbstständig eine Vorrichtung aus, die das hintere Nummernschild fotografiert, entwickelt und zur nächsten Polizeistation schickt. Das ist Automation. Einkaufen und lange anstehen? Warum denn? Bei einem automatisierten Verkaufssystem brauchst du deine Wünsche nur auf eine vorgegebene Karte zu notieren. Die Karte wandert in eine elektronische Maschine, welche die Waren von selbst zur Auslieferung schickt. Unwahrscheinlich? Für viele Amerikaner heute bereits eine Selbstverständlichkeit.«

Jetzt könnte wieder jemand sagen: Das Zeichen der Automation, das hat noch lange Zeit. Wir haben in unseren Fabriken noch Handmaschinen. Bei uns geht es noch ganz kameradschaftlich zu. Aber es geht ja um ein Zeichen, es geht darum, ob es möglich ist, dass durch Automation Menschen ersetzt werden durch elektronisch gestaltete Maschinen und ob das zugleich einen Persönlichkeitsverlust des Menschen bedeutet. Das ist doch die Gefahr, dass wir in das Zeitalter der Abfertigung untereinander hineinwachsen, in die Ent-persönlichung. Wir sind ja schon mitten drin im Zeitalter der Masse und der Massenvergnügungsmittel. Wir brauchen darüber nicht weiter zu sprechen.

Und nun stellen wir uns einmal vor: Diese Gefahren, in denen wir schon sind, wie wird denn da die Kirche auf den Plan gerufen? – Wenn wir bei dem ersten Zeichen gesagt haben: Die Welt braucht ganze Christen, braucht einen außergewöhnlichen Gottesdienst und eine außergewöhnliche Dankbarkeit der Christen auf Grund der Barmherzigkeiten Gottes, dann dürfen wir jetzt sagen: Die Welt der Automation, der Entpersönlichung, der Masse braucht eine Gemeinde Christi, deren Botschaft eine Heimatkunde ist und deren Leben Heimatcharakter hat!

Um die Jahrhundertwende hat jemand gesagt: »Wir brauchen Häuser, wo man nicht an der Garderobe die Seele abgeben muss, um hineinzukommen.«

Wir brauchen Gottesdienste, in denen die Wärme der Liebe Christi strahlt. Wir brauchen Gemeindeveranstaltungen, in denen es spürbar wird: Hier ist die Liebe Christi zu einer Wirkung gekommen – in aller Menschlichkeit.

Und jetzt dürfen wir uns fragen lassen in unserem Gottesdienst: Ist es für einen, der von draußen kommt, hier so warm, als wenn er an den Ofen käme? Ist es so für einen, der von da draußen, vielleicht aus dem Nummerndasein kommt, dass er in einer unserer Veranstaltungen deutlich merkt: Hier ist es anders als da draußen, wo sich keiner darum kümmert, wenn ich ausschere. Dann warten ja schon acht andere darauf. Hier im Gottesdienst sollst du hören: In Gottes Augen bist du so wertvoll, dass Gott die Ewigkeit nicht ohne dich leben möchte. So heißt die frohe Botschaft. In Gottes Augen ist jeder Mensch so viel wert, dass Gott die ganze Ewigkeit, dieses Leben eingeschlossen, nicht ohne ihn leben möchte.

Gott will mich, obwohl ich ihn nicht will. Gottes frohe Botschaft lautet: Obwohl ich ihn öffentlich oder geheim tausend Mal verleugnet habe, bietet Gott mir an: Freiheit von mir selbst, Erlösung, Leben und Seligkeit. Und nun müssen wir das hören in einer Zeit, in der es eine merkwürdige Angst gibt in der Christenheit vor Gefühlen, vor dem, dass man persönlich etwas preisgibt.

Wenn wir jetzt einen geistesgeschichtlichen Rückblick tun auf Schleiermacher, dessen 125. Todestag wir in diesen Tagen begehen, so hören wir, was er gesagt hat: »Religion ist schlechthinnige Abhängigkeit vom Gefühl, Sinn und Geschmack fürs Unendliche ...«

Wir haben das heute längst als theologisch überholt erkannt. Aber wir dürfen auch nicht ins Gegenteil umschlagen, als könne alles Christsein denkerisch erfasst sein, als könne es als rein geistiges Problem erfasst werden, als wäre es nicht eine Sache, die von Geist, Seele und Leib erfasst werden müsste. Ein Dichter spricht es so aus: »Ihr Menschen, gebt mir eine Brust, an der ich weinen kann.« Das ist ein Wort, das im Besonderen für unser Zeitalter der Masse gilt, da der einzelne, einsame, nummerierte, abgefertigte und in der Masse sich verloren vorkommende Mensch nach einer Heimat schreit. Nun kommt es darauf an, dass der heutige Mensch in unseren Gemeindekreisen Heimat findet. Wir verstehen das Bild. Es kommt darauf an, dass Menschen spüren, dass sie hier von Menschen geliebt werden. Wir dürfen die Menschen lieben, weil wir selber von Gott geliebt werden. Das wissen wir, das wird uns in Psalm 23 gesagt:

»Du salbest mein Haupt mit Öl und schenkest mir voll ein ...«

Wörtlich heißt das: Du bringst meinen Becher zum Überfließen. Die Liebe Gottes in Jesus Christus bringt gleichsam das Gefäß meiner Seele zum Überfließen. Und im Neuen Testament heißt es: »Freuet euch in dem Herrn allewege«, in allen Lagen, zu allen Zeiten, auch in der Tiefe! Haben wir das vorhin vom Chor gehört: Wenn ich nur dich habe, Herr Jesu Christ, so habe ich in allem Freude, nicht nur jetzt in dieser Stunde, auch heute Nachmittag, auch morgen im Alltag. Das heißt nicht, immer »Keep smiling«, aber doch so, dass ich in der Anwesenheit Jesu die Dinge überwältige und mich freuen darf bis ins Körperliche hinein: »Nun freut euch, lieben Christen g'mein, und lasst uns fröhlich springen!«, singt Luther. Das geht bis in die Beine! Und Philipp Nicolai singt:

Wie bin ich doch so herzlich froh,
dass mein Schatz ist das A und O;
der Anfang und das Ende.
Er wird mich doch zu seinem Preis
aufnehmen in das Paradeis,
des klopf ich in die Hände!

Wir brauchen Verleiblichung in unserem Christenleben. Wir brauchen dies, dass Menschen vor Freude anfangen zu springen. Wir brauchen es, dass Menschen spüren in dieser eisigen Atmosphäre: Ich bin lieb gewonnen. Man hat für mich Hoffnung, wenn auch andere mich vielleicht aufgegeben haben: »Mein Herze geht in Sprüngen und kann nicht traurig sein ...«

Das Christenleben braucht den Menschen in seiner Ganzheit. Die Botschaft der Kirche muss eine Heimatkunde sein, Heimatkunde von der ewigen Heimat. Das muss man den Menschen abspüren, dass sie Glieder sind der ewigen Heimat.

Ich war heute in der Frühe am Krankenlager eines Mannes, der in aller Nüchternheit betete und dankte vor dem Herrn dafür, dass er Gottes Kind und Erbe sein durfte und dass er sich wissen durfte auf dem Wege zur ewigen Heimat, und dann betete er für seine Verwandten und Freunde und Ärzte und Schwestern und für viele Menschen, er, der in einem Zimmer von 16 Quadratmetern, in einem Sterberaum lag. Aber der Horizont seines Herzens war durch die Barmherzigkeit Gottes weit gemacht bis in die Ewigkeit hinein, obwohl er nach seinem körperlichen Stande nur noch hätte sagen können: Kyrie eleis.

Aber das ist das Wunderbare: »Und selber blutend Wunden lindern, das ist das Amt von Gotteskindern.«

Das heißt im Zeitalter der immer gefährlicheren Selbstentfremdung und Entpersönlichung, der Abfertigung der Menschen: die Heimatwärme des Gottesdienstes und die Heimatwärme des christlichen Elternhauses spürbar zu machen, so dass ein Mensch merkt: Hier brauche ich mich nicht konventionell zu verstecken. Hier darf ich mit meiner Verkrampfung herausrücken. Hier darf ich Mut fassen im neuen Leben. Und das gilt nicht nur für die Gemeindekreise, das gilt auch für die Häuser der Christen. Wir dürfen sie öffnen, dass Menschen spüren können: Hier bin ich hoch willkommen, hierher kann ich kommen, weil Jesus auch uns geliebt hat.

Die entscheidenden Dinge geschehen nicht auf den Kundgebungen, nicht auf Kirchentagen und Glaubenskonferenzen und Jugendtagen; die Glaubwürdigkeit des Evangeliums wird entschieden in den vier Wänden unserer Häuser und Fabriken. Hier darf ich Ernst machen, hier darf ich dienen und hier darf ich danken, und das immer auch unter den Zeichen des planetarischen Zeitalters und der Automation, mitten in den höchsten Anstrengungen auf technischem und wirtschaftlichem Gebiet, im Zeichen der drohenden Entpersönlichung, der inneren Erkaltung, des Liebesmangels, an dem die Menschen zu sterben drohen und sich flüchten in die Traumfabriken der Freizeitgestaltung.

Ist die Gemeinde Jesu so, dass man in ihr spürt, was in der alten Fassung eines Liedes gesagt wird: »Nimm mich freundlich in die Arme, dass ich warme werd' von Gnaden.« Die Bibel sagt, dass da, wo Gottes Wort einbricht in ein Menschenleben, da gibt es überfließende Freude, überfließendes Licht, überfließende Wärme.

Danach schreit eine Welt ohne Christus!

Amen.

Einmal wird Gott alles wandeln

Jugendgottesdienst am 15. November 1959

Predigttext: *Jesaja 29,17–22*

Einmal öffnet Gott die Tür und ich steh nicht mehr im Dunkeln,
seh im Saal da ohne Zahl Sterne tausendstrahlig funkeln.
Zage nicht, mein Herz; vertrau': Einmal wird Gott alles wenden.
Einer hält, wie alle Welt, so auch dich in seinen Händen.

Meine Lieben!

Der Volkstrauertag ist ein Welttrauertag. Der Zweite Weltkrieg hat 55 Millionen Tote gebracht auf der ganzen Erde. Der zweite Weltkrieg hat 7000 Milliarden Mark auf der ganzen Erde gekostet. Ein Wahnsinn sondergleichen! Und nun sehen wir in diesen großen Zahlen das gewaltige Heer der Gefallenen auf den Schlachtfeldern, der im Bombenkrieg Umgekommenen, der im tiefen Meer Versenkten, der in Konzentrationslagern Gemordeten, Geschändeten, der Vergewaltigten, der Kriegsversehrten, der Gefangenen, der Vermissten, der Heimatvertriebenen, der Witwen und Waisen, die alle ohne Krieg in einer glücklichen Familien leben könnten. Wir rechnen dazu die große Zahl derer, die auch jetzt noch beim geteilten Vaterland herüberfliehen müssen, wir denken dabei an die Brüder und Schwestern in der Sowjetzone, in den Gebieten von Ostpreußen, Pommern, Schlesien, in den abgetrennten Gebieten östlich der Oder-Neiße-Linie, wir denken an die Vielen, die seelisch verkümmert sind durch die Erlebnisse der Kriegsgefangenschaft, durch Krieg und Flucht, die innere Wunden bekommen haben, die – menschlich gesehen – nicht mehr verheilen; denn die Folgen dieses Weltkrieges gehen ja weit über die Zahl derer hinaus, die als

Kriegversehrte oder Gefallene oder Vermisste wirklich gezeichnet sind – ein großes Meer an Tränen!

Volkstrauertag! – Heute werden die Gräber oder die Bilder in den Wohnungen mit Blumen geschmückt, wo man nicht mehr zum Grabe gehen kann oder wo man das Grab des geliebten Menschen nicht weiß.

Was sagt uns nun Gottes Wort auf Grund der Bibellese?

Seht, es gibt ja einen Trost nach rückwärts, indem man bei den Menschen und auch bei öffentlichen Kundgebungen untereinander sagt: Seid dankbar für das, was ihr haben durftet, und wenn es nur drei Jahre Ehe waren und nur fünf Jahre Familienleben und die Zeit in der alten Heimat, die Zeit, wo du noch deine Glieder und deine Augen hattest! Seid dankbar für die gewesene Zeit! Das ist ein Stück Trost, aber ein Trost nach rückwärts, im Sinne des Wortes: »Was vergangen, kehrt nicht wieder; aber ging es leuchtend nieder, leuchtet's lange noch zurück.«

Das aber ist das Herrliche an der Botschaft der Bibel, dass sie uns Trost nach vorwärts schenkt. Nicht nur dankbar sein für das Gewesene und darüber weinen in Liebe und Dankbarkeit, nicht nur sich schicken in das Unvermeidliche. Gottes Botschaft, Jesu Botschaft hat den Trost nach vorn, nach der Zukunft hin. Denn es heißt hier:

»Es ist noch um ein klein wenig zu tun.« Das sagt Jesaja damals um das Jahr 740 vor Christus, und es kamen dann später Ereignisse, die ein Stück Erfüllung dieser Verheißung waren. Aber das Eigentliche steht noch aus und verbindet sich für die Botschaft der Bibel mit dem Tag der Wiederkunft Jesu Christi.

Und darum geht es auch am Volkstrauertag. Unter der Botschaft der Tröstung nach vorn hören wir ein Dreifaches, und das ist wunderbar. Hört es mit offenen Herzen!

1. Die Bibel verspricht eine herrliche Wendung aller Nöte.
2. Die Bibel sagt ein schreckliches Ende aller Menschenschinder voraus.
3. Die Bibel verheißt eine endgültige Ehrung aller, die in Geduld und Glauben fest geblieben sind.

1. Die Bibel verspricht eine herrliche Wendung aller Nöte.

Dürfen wir noch einmal lesen aus Jesaja 29: »Wohlan, es ist noch um ein klein wenig zu tun, so soll der Libanon ein Feld werden, und das Feld soll wie ein Wald geachtet werden. Und zu derselben Zeit werden die Tauben hören die Worte des Buches, und die Augen der Blinden werden aus Dunkel und Finsternis sehen, und die Elenden werden wieder Freude haben am HERRN, und die Armen unter den Menschen werden fröhlich sein in dem Heiligen Israels.«

Eine herrliche Wendung aller Nöte. Wir wollen einmal bei den Tauben einsetzen. Wenn einer nicht mehr hören kann, was ist das für eine Last! Wie viele sind im Gefolge des Krieges und der Flucht gehörlos geworden durch Schüsse und Explosionen und durch seelische Schocks. Viele sind auch stumm geworden. Gottes Wort sagt ihnen allen, die in Geduld und Glauben auf Jesus schauen: Du wirst nicht ewig stumm sein, nicht ewig taub sein. Deine Ohren werden wieder hören! Das ist Tatsache, meine Freunde! Das ist nicht irgendein billiges Versprechen! Deine Ohren werden wieder hören. Der neue Mensch auf der neuen Erde wird Ohren haben zum Hören.

Die Blinden werden sehen! Wir waren kürzlich zu einer Arbeiterfreizeit in Tübingen. Da haben wir einen Abstecher gemacht nach Wildbach im Schwarzwald. Dort lag oben auf dem Berge ein Kriegsblindenheim. Wir wussten das vorher nicht und haben gesagt: Was für ein herrliches Haus! Wie schön, wenn man da leben kann! Was für eine herrliche Aussicht! – Da sagt uns plötzlich jemand: Da wohnen Blinde! – Stellt euch vor: Hoch oben auf dem Berge ein wunderbares Hotel – und doch nichts sehen können! Kriegsblinde, von Geburt an Blinde – Gottes Wort verspricht: Die Blinden werden wieder sehen. Die neuen Menschen auf der neuen Erde haben Augen zu sehen. Du wirst nicht ewig blind sein. Das sagt die Bibel. Das ist Trost nach vorn!

Weiter: Die Elenden werden wieder Freude haben. Ich denke an einen Kameraden, der hatte beide Augen verloren und beide Arme und beide Füße und wurde so in ein Lazarett eingeliefert. Als die anderen Kameraden, die schon durch den Krieg hart geworden waren, diesen armen Kerl sahen, da brachen sie alle ihre Gespräche ab und wurden ganz still. Und diese Stille wurde immer lastender. Auf einmal rief dieser arme Verwundete aus: »Warum redet ihr nicht? Ich will doch auch noch leben!« – Auch noch leben – in diesem zertrümmerten Körper! Ja, selbst im Elend ist noch der Hunger da nach Leben. – Was sagt Gottes Wort? Die neuen Menschen auf der neuen Erde werden keinen versehrten Leib mehr haben. Da kann man nicht mehr verunglücken und da gibt es keine fehlenden Glieder, sondern unser Leib wird sein in vollendeter Kraft und Schönheit. Versehrte bleiben nicht ewig versehrt!

Und die Armen? Die Armen werden reich werden. Denkt an die Hungernden in Indien und anderswo, die von einer Hand voll Reis leben müssen. Denkt daran, dass jährlich ungefähr zehn Millionen an Hunger sterben, dass zwei Drittel der Menschheit nicht satt werden, während wir uns die Wurstsorten schon wieder aussuchen können.

Aber auch alle andere Armut aller anderen Schattierungen wird aufhören, alle Armen werden reich werden. Es werden die, die auf Jesus schauen, nicht ewig arm, nicht ewig im Schatten, nicht ewig ein Eckensteher sein, sondern Blinde von heute sind kommende Seher, Taube von heute sind kommende Hörer, Elende von heute sind kommende Fröhliche, Arme von heute sind kommende Millionäre! Das sagt die Bibel!

Und wenn das nicht wahr wäre, dann wäre Jesus nicht gestorben und auferstanden, dann wäre unser ganzer Glaube eitel, dann wäre die Botschaft Unsinn. Aber es *ist* wahr!

Und nun dürfen Taube, Blinde, Elende, Arme – und das sind ja alles nur einzeln herausgenommene Beispiele –, nun dürfen Angehörige und Leidtragende hören, dass sie schon jetzt, im Stande des noch armen Lebens auf dieser Erde, in einer herrlichen Vorfreude auf die Wende aller Nöte leben können. Aber nicht nur in Vorfreude dürfen sie leben, sondern schon jetzt in der Gemeinschaft mit dem, der diese Wende bringt. Sie dürfen schon hier und jetzt Gemeinschaft haben mit ihm in Geduld, Freude und Frieden!

2. Gottes Wort sagt aber auch ein schreckliches Ende aller Menschenschinder voraus.

Ich lese: »Die Tyrannen werden ein Ende haben und es wird aus sein mit den Spöttern und vertilgt sein werden alle die, so wachen, Mühsal anzurichten, welche die Leute sündigen machen durchs Predigen und stellen dem nach, der sie straft im Tor, und stürzen durch Lügen den Gerechten.«

Man meint, man höre den Ton von vergangenen Zeiten, aus denen wir kommen, oder aus gegenwärtiger Zeit in bestimmten Ländern, in denen die Willkür herrscht. Darf ich ein paar Namen nennen? Weißt du das Ende von Adolf Hitler? Er hat sich und seine Frau erschossen, und sein Leichnam wurde verbrannt. Ich war vor wenigen Tagen noch ganz nahe an der Stelle inmitten Berlins. Da ist das letzte Stück Kriegsgeschichte zu Ende gegangen, und heute ragt aus den Trümmern noch ein Stück Betonspitze des ehemaligen Führerbunkers hervor. Weißt du, was Goebbels gesagt hat? »Wenn wir abtreten, wollen wir die Tür so zuknallen, dass die ganze Welt davon erzittert!« Er hat sich, seine Frau und seine Kinder vergiftet. Und am letzten Morgen hat er zu seinen Mitarbeitern gesagt: »Meine Herren, jetzt geht's ans liebe Kehlchen!« Weißt du, dass Himmler, der Leiter der SS, immer eine Giftampulle bei sich trug, die er bei seiner Gefangennahme zwischen den Zähnen zerdrückte, und kurz drauf war er tot? – Aber das ist nur das irdische Ende. Meine Freunde, die Bibel sagt, dass das Verborgene unseres Lebens an den Tag kommt. Und wenn vor Gottes Thron kein Glas Wasser vergessen ist, das einem Bittenden gegeben wurde, so ist auch kein Fußtritt vergessen, der einem Armen zugefügt wurde, und kein Herzeleid, das einem Elenden gebracht wurde.

Gottes Wort sagt von einem schrecklichen Ende aller Tyrannen, all derer, die nicht mehr im Gehorsam Gott die Ehre geben. Das sind nicht nur die Tyrannen, die Völker unterdrücken. Das sind auch die Spötter, die hier ebenfalls genannt sind.

Ich denke an den Evangelisten D'Ampozzo, der kürzlich in Brügge evangelisiert hat. Der war, damals schon als gläubiger

Christ, in einem deutschen Konzentrationslager. Da ließ der Lagerleiter ihn auf den Prügelplatz kommen, und der Leiter prügelte ihn und sang dabei: »Die Sach' ist dein, Herr Jesu Christ …« Und D'Ampozzo erzählt, dass der Hass in ihm hochgekommen sei unter den Schlägen dieses KZ-Leiters und unter dem höhnischen Gesang dieses heiligen Liedes. Aber Gott habe ihm die Kraft gegeben, für diesen Mann, der ihn schlug, zu beten. Am Ende des Krieges ist D'Ampozzo mit dem zuständigen Bezirkspfarrer zu diesem Manne gegangen und hat ihm eine Torte mitgebracht und hat mit ihm gesprochen und ihm gesagt, dass er ihm vergeben hat. Dadurch hat der KZ-Leiter selber zum Glauben gefunden, und heute steht er mit Leib und Seele im Dienste Gottes. Das bringt ein Mann fertig, der in der Gnade und Liebe Jesu vergeben kann. Aber wehe allen Tyrannen und Spöttern, die nicht unter dem Kreuz Jesu kapituliert haben und sich die Vergebung der Sünde schenken lassen!

Gottes Wort spricht von einem schrecklichen Ende derer, die Gott hassen, die Gottes Wort für Wind halten, und die sogar andere zur Sünde verleiten.

Denken wir nur an die Schulen im Dritten Reich und heute in der Sowjetzone und anderswo, wo schon den Kindern in der Schule durch die Schulbücher eingeprägt wird: Es gibt keinen Gott. Jesus Christus hat nie gelebt. Das steht dort in den Büchern. Stellt euch diesen Wahnsinn vor!

Aber es wird ein Gericht Gottes geben vor seinem Angesicht am Tage der Wiederkunft Jesu über alle Tyrannen und Spötter und über die, die andere zur Sünde verführt haben.

3. Gottes Wort spricht von einer endgültigen Ehrung aller, die in Geduld und Glauben standgehalten haben.

»Darum spricht der HERR, der Abraham erlöst hat, zum Hause Jakob (das ist das Bild auch für die neutestamentliche Gemeinde Jesu Christi) also: Jakob soll nicht mehr zuschanden werden, und sein Antlitz soll sich nicht mehr schämen.«

Ich denke an Pastor Schmidt aus Bochum, der wegen seines

Bekenntnisses zu Jesus im Dritten Reich im Gefängnis war. Er erzählte einmal, dass die Gestapo ihn für das Verbrecheralbum fotografieren wollte. Da durfte er sich zwei Wochen lang nicht rasieren, man hat ihm den Kopf kahl geschoren und die Haarstoppeln stehen lassen, und dann wurde er schräg von der Seite fotografiert. Da hat er den Leuten gesagt: »Das wissen Sie doch auch, wenn man einen Menschen vierzehn Tage lang unrasiert lässt und schert ihm das Kopfhaar, dann sieht ja jeder aus wie ein Idiot oder wie ein Verbrecher.« Aber sie hatten eine heimliche Wonne daran, Menschen zu entwürdigen, und wie viele sind auf diese Weise geschändet und entehrt worden, ganz zu schweigen von dem, was in den Konzentrationslagern und Vernichtungslagern vorsichging.

Aber nun sagt Gottes Wort – und es fasst dahinein alle Schändung und Entehrung, die Menschen erlebt haben um des Glauben willen bis hin zu gesellschaftlicher Ächtung, bis dahin, dass Menschen beruflich nicht vorwärts kommen, weil sie sich zu Jesus bekennen (das gibt es genug, und nicht nur hinter dem Eisernen Vorhang; das soll es sogar bei uns geben, dass Menschen wegen ihres gewissenhaften christlichen Lebenswandels gesellschaftlich und beruflich nicht weiterkommen) – Gottes Wort sagt, dass alle, die um Jesu willen im Schatten sein mussten, zu Ehren kommen sollen. Das wird einmal sein. Denken wir an unseren Herrn Jesus selber. Von ihm heißt es im Neuen Testament: »Gedenket an den, der ein solches Widersprechen von den Sündern wider sich erduldet hat.«

Darum nimm ein Beispiel an Jesus, der ein solches Maß an Leid ertragen musste; aber er achtete auf die kommende Herrlichkeit und trug in Geduld in der Zwischenzeit die Nackenschläge und die Nadelstiche und die Entehrung und das Zurückgestellt-Sein. Man schlug ihn mit Fäusten! Das hast du vielleicht noch nicht erlebt, vielleicht auch doch! Aber bedenke, es gibt eine endgültige Ehrung all derer, die in Geduld beim Herrn bleiben.

Jetzt kommen wir wieder auf den Volkstrauertag zu sprechen. Wir dürfen die unbeantworteten Fragen unseres Lebens immer wieder Gott hinlegen und ihn durch Vertrauen ehren, ohne seine

Führung zu begreifen. Das ist der Unterschied zwischen einem Christen und einem Nichtchristen; nicht etwa, dass Christen weniger mitmachen müssten – viele Gläubige, die eine betende Familie hinter sich hatten, haben unendlich viel erleiden müssen – der Unterschied liegt in dem Wissen dessen, was in der Erlöserkirche über der Tafel der Gefallenen des Zweiten Weltkrieges steht; es ist das Wort Jesu an seine Jünger: »Und an dem Tage werdet ihr mich nichts fragen.«

Ich fasse zusammen:

Ein herrliche Wende aller Nöte – ein fürchterliches Ende aller Menschenschinder – eine endgültige Ehrung aller, die in Geduld und Glauben auf den Herrn schauten.

Das ist die Botschaft der Bibellese am heutigen Tage. Bleibt nur noch eines für dich: Bist du schon auf dieser Spur des Glaubens? Hängst du schon an diesem Jesus, der allein der Garant für diese Wende ist? Es wird nicht automatisch jeder Mensch teilhaftig der zukünftigen Wendung, sondern der Stichname und die Tür und der Weg dazu heißt: Jesus, und der wirkliche Glaube an ihn. Und wer Jesus gehört, der weiß für sich und alle, die ihn lieb haben: Es bleibt nicht ewig dunkel. Es bleibt nicht ewig bitter. Es bleibt nicht ewig ein Fragment, sondern:

Noch eine kurze Zeit, dann ist's gewonnen,
dann ist der ganze Streit in nichts zerronnen,
dann werd' ich laben mich an Lebensbächen
und ewig, ewiglich mit Jesus sprechen.

Amen.

Gott gibt Kraft, ein Licht zu sein

Jugendgottesdienst am 3. September 1961

Doch der die Erde schuf, hat deine Angst gesehen,
und hat sich aufgemacht. Will dir zur Seite stehen:
Ein Helfer voller Macht! Hell klingt sein Friedensruf!

Predigttext: *Hesekiel 2,1-5*

Meine Lieben!

Seit dem letzten Jugendgottesdienst hier in der Erlöserkirche haben sich Dinge ereignet im Raum unseres großen Vaterlandes, im Raum der Weltgeschichte, von denen wir uns, wenigstens in ihrer Fülle und Massivität, nichts hätten träumen lassen, als wir das letzte Mal hier zusammen waren.

Ich nenne aus der Fülle der Ereignisse nur zwei Daten: Den 13. August, an dem die Sektorengrenze im Berlin vermauert und mit Stacheldraht zugemacht wurde, und den 31. August, an dem wir schon früh im Rundfunk oder durch die Zeitung erfuhren, dass die Sowjetunion die Atomwaffenversuche wieder aufnehmen will, und in der Zwischenzeit haben wir von lauter Vorgängen gehört, die uns sehr betroffen gemacht haben. Man hat das Gefühl, dass ein ganzer Kalender von Meldungen von der östlichen Seite geplant ist, und es ist in den letzten Wochen kaum ein Tag vergangen, an dem nicht immer wieder schwer belastende Nachrichten kamen. Wir sind hier nicht in einer politischen Versammlung und besprechen nicht wirtschaftliche, politische oder gar strategische Fragen. Ich stelle nur fest, meine Brüder und Schwestern, meine Freunde: Es ist kälter geworden im Weltraum. Es ist Alarmstufe! Der kalte Krieg ist noch kälter geworden, und es sollte kein Tag und keine Nacht vergehen, wo wir nicht die Brüder und Schwestern aus Ost-Berlin, aus Mitteldeutschland, die uns namentlich am Herzen liegen, namentlich vor Gott nennen, Tag und Nacht! Das ist eins von dem wenigen, was wir als Gemeinde Jesu tun können und sollten, solange noch die Möglichkeit ist. Wir sollten im Briefeschreiben und im Senden von Liebesgaben fleißig sein. Auch das kann über Nacht aufhören, so dass sie ganz in die Isolation kommen und uns vielleicht nur die Fürbitte bleibt.

Aber wisst ihr, was mich so erschüttert? Ich habe des Gefühl, dass die große Mehrzahl unseres Volkes gar nicht gewappnet ist für den Ernstfall, der auf uns zukommt. Ich meine das gar nicht politisch und wirtschaftlich oder möglicherweise strategisch. Ich meine das im ganz persönlichen Sinn. Es ist doch heute im Bereich des Möglichen – das kann man überall lesen – dass etwa ein Weltraumschiff gestartet wird, das statt eines Menschen Gagarin eine Bombenlast mit sich trägt, und irgendein Teil der Welt wird unter Druck gesetzt: Wenn ihr nicht auf meine Verhandlungen eingeht, dann ist heute Nachmittag um fünf Uhr die Ladung da! – Ich habe das Gefühl, die meisten Menschen resignieren. Sie sind wohl erregt und erzürnt – und das sind ja auch alles böse Herausforderungen, was da zurzeit von den östlichen Machthabern geschieht –, aber sie fragen nicht: Was bedeutet das für uns persönlich? Bin ich bereit, wenn ich mir das vorstelle, dass ich vielleicht nur noch in einer Kraterlandschaft leben müsste und mich mit keinem geliebten Menschen mehr unterhalten könnte? Habe ich dafür innere Reserven? Könnte ich dann mit dem Liederdichter sagen: »Lass von Ungewittern rings die Welt erzittern, mir steht Jesus bei!«

Kann ich das sagen?

Oder bin ich gewappnet dazu, dass es im Augenblick einen Knall gibt, und wir leben alle nicht mehr, und wir stehen im Augenblick vor Gottes Thron? Bin ich dazu bereit? Was sagt der Liedervers? »Der ist zum Sterben fertig, der sich lebend zu dir hält.«

Gott hat alle Möglichkeiten, dass gar nichts von alledem passiert! Aber die Dinge liegen doch im Bereich des Möglichen! Ich kann jetzt doch nicht so leben, als sei alles beim Alten, dass ich nur denke: Ich will meine Pflicht tun und noch so viel wie möglich vom Leben mitnehmen, bis der große Knall kommt. »Lasset uns essen und trinken, denn morgen sind wir tot!« So geht es doch nicht, sondern vor Gott gilt die Lebenshaltung: »Der ist zum Sterben fertig, der sich lebend zu dir hält.«

Darum müssten jetzt eigentlich unsere Gotteshäuser seit dem 13. August überfüllt sein und wir müssten eigentlich zehn Mal am Tage Gottesdienst in der Erlöserkirche halten, um die Leute alle erfassen zu können, wenn die Leute wirklich gehört hätten, was die Stunde geschlagen hat, wenn sie erkannt hätten, dass es sich um eine globalpolitische Eiszeit handelt, dass es eine Stunde des Ernstfalls ist.

Auf diesem Hintergrund müssen wir die Bibellese dieser Tage lesen. Es ist doch merkwürdig, dass gerade diese Geschichten in der Bibellese an der Reihe sind. Vorher hatten wir die Apostelgeschichte, jetzt Hesekiel. Da hat vielleicht mancher gedacht: Ach, wieder einer von den alten Propheten! Was sollen die uns schon zu sagen haben! – Hast du das gelesen? Hast du gemerkt, wie aktuell das ist, wie sehr die Botschaft des Hesekiel, soweit wir sie bis jetzt in der Bibellese gelesen haben, in unsere Zeit passt? Da schickt Gott Gerichtsvollzieher – Engel – die das Strafgericht an seiner Stadt und an seinem Volk vollziehen. Da merkt man: Gott ist nicht eine sentimentale Größe; Gott ist ein barmherziger und heiliger Gott. Es ist fürchterlich, in die Hände des lebendigen Gottes zu fallen, wenn man nicht durch Jesus gedeckt ist.

So ist es auch in diesem Abschnitt, der mich so bewegt hat:

1. Gott redet persönlich.

»Und Gott sprach zu mir und redete mit mir«, sagt Hesekiel. Das geschah damals etwa im Jahre 590 vor Christi Geburt. Er war Gefangener. Der Mann schreibt als Gefangener. Er ist mit seinem Volk in der Babylonischen Gefangenschaft. Also auch hier ein aktueller Bezug. »Als der Herr mit mir redete ...« Hast du schon einmal darüber nachgedacht, dass Gott sich auf unsere Ebene herablässt und mit uns redet in der Sprache? Mit Hesekiel damals redete er direkt, hörbar. Normalerweise spricht er durch sein Wort, das seinen Niederschlag in der Bibel gefunden hat, und er macht uns dieses Wort hell und leuchtend.

Wir haben also sein Wort. Ich denke doch, dass jeder von uns seine Bibel zu Hause hat. Gott kann zwar auf alle möglichen Weisen reden, auch durch die Schönheit der Natur und die Ereignisse der Geschichte. Aber wer sein Wort in der Stille liest, jeden Tag neu, und wenn es nur ein oder zwei Worte sind, wer unter sein Wort kommt im Gottesdienst und im Bibelkreis, wer seine Lobgesänge singt, wer nur irgendwie immer wieder in Berührung kommt mit dieser Kraft, der erfährt, dass Gott persönlich redet. Der allmächtige, große Gott redet, fassbar, persönlich!

Muss ich dazu noch Beispiele bringen? Nur eins: Ich denke an einen Pfarrer, der im Dritten Reich auch im Gefängnis war um des Glaubens willen. Und da kamen ihm die Anfechtungen: Wie viel besser könnte ich der Gemeinde dienen, wenn ich frei wäre; wie könnte ich meiner Familie helfen. Plötzlich wird ihm ein Zettel zugesteckt, er weiß gar nicht recht, woher, ob durch die Türspalte oder von einem freundlichen Wärter. Jedenfalls stand auf diesem Zettel das Wort: »Gottes Wort ist nicht gebunden.« Da war sein Herz wieder frei und froh, da wurde aus der Zelle der Verzweiflung eine Zelle der Danksagung. Die äußeren Verhältnisse waren dieselben geblieben, aber das innere Verhältnis zur Lage war ein anderes. Da hatte Gott ihm persönlich durch ein Bibelwort in dieser Lage sein Wort geschickt. Er spricht! Er sendet sein Wort, er spricht es auch fassbar in deine Lage hinein, nicht automatisch, aber er wird es dir wichtig machen. Unser Gott kommt und schweigt nicht. Stellt ihn auf die Probe!

2. Was bewirkt diese Rede Gottes?

An anderen Stellen heißt es, dass sie Erschütterung und Demütigung bewirkt.

Hier wird gesagt: »Als Gott so mit mir redete, wurde ich wieder *erquickt*!« Das ist wunderbar! Ich frage euch alle, die ihr die Bibel lest: Kennt ihr das aus dem Umgang mit der Bibel, kennt ihr das aus dem Hören im Gottesdienst oder in der Bibelstunde, dass man ein Wort gesagt bekommt, das einen vielleicht für immer nicht mehr loslässt, so dass man sagen kann: Damals, im Jahre 1938, habe ich in der und der Kirche jenes Wort gehört, in der Liturgie oder in der Lesung oder Bibellese dieses bestimmte Wort gelesen. Vielleicht weiß man nicht mehr im Einzelnen, wo und wann es genau war, vielleicht noch nicht einmal den genauen Wortlaut; aber es ist wie ein Leuchtturm in jener Zeit gewesen, es hat dich erquickt. Das Wort »Erquickung« hat bei uns einen etwas süßlichen Klang bekommen. Menge übersetzt an dieser Stelle: Da kam eine große Kraft in mich hinein. Mein Herz wird aufgeladen mit einer neuen Kraftzulage aus der ewigen Heimat.

So kann der Herr in diesem Moment irgendwo in Ost-Berlin, in Dresden, in Treuenbrietzen oder wo es sein mag durch die Fürbitte eine Kraftzulage auslösen, so dass Gott in das Herz eines anderen ein bestimmtes Wort, das gerade das richtige für seine Lage ist, hineinkommen lassen wird. Ein Wort, das ihn erquickt, so dass er neu mit Kraft aufgeladen wird, so dass vielleicht – ich sage es mal ganz alltäglich – jemand zu seiner Frau sagt: Es lohnt sich doch, weiterzuleben. »Als er mit mir redete, wurde ich erquickt.«

Nun könnte ich aus dem Urlaub erzählen, – ich bin gar nicht weiter weg gewesen, sondern zu Hause geblieben – aber ich könnte erzählen, was ich an bestimmten Stellen erfahren habe, was mir durch das Lesen von Lebensbeschreibungen zugeflossen ist. Dadurch wird man doch gestärkt, da fließt einem Eisen in die Adern, wenn man von diesen Vordermännern Gottes hört, die sich bewährt haben bis in angsterfüllte Zeiten hinein, Menschen, die gesagt haben, wie etwa Luther: »Wenn morgen der jüngste Tag kommt, so will ich heute noch mein Apfelbäumchen pflanzen und meine Schulden bezahlen.« Das ist gemeint. Wenn ich wieder erquickt werde, dann kriege ich einen Schubs nach vorn zum Handeln und

Glauben. Das gilt für jeden Beruf und Stand: Die Mutter erzieht ihre Kinder weiter, der Lehrling lernt weiter, der Student studiert weiter, der Bauer sät und erntet weiter, und doch ist eine Wende da, man weiß, dass es wirklich um den Ernstfall geht, so kann ich nun sagen: Ich bin bereit.

»Lass von Ungewittern rings die Welt erzittern, mir steht Jesus bei!«

Was hat Rudolf Alexander Schröder geschrieben? Wir haben es uns im Dritten Reich oft gegenseitig vorgesagt und zugeschrieben:

Es mag sein, dass alles fällt,
dass die Burgen dieser Welt
um dich her in Trümmer brechen;
halte du den Glauben fest,
dass dich Gott nicht fallen lässt:
Er hält sein Versprechen.

Das heißt nicht, dass du in einer Lebensversicherung bist für dein Leben, dass dir kein Autounfall passieren kann, dass dich keine Krankheit treffen kann oder dass du bei einer Auseinandersetzung nicht mit dem Leben zu bezahlen brauchtest. Aber er lässt dich nicht fallen aus seinen Händen, und wir können niemals tiefer fallen als in die Hände Jesu.

3. Nun kann ich anfangen, in der Kraft Gottes wie Hesekiel den Dienst zu tun, mitten unter den alten Verhältnissen.

»... ich trat auf meine Füße«, heißt es hier.

Das berührt sich mit dem Zweiten. Das heißt ja: Ich ging in Bereitschaftsstellung. Ich trat auf meine Füße. Was war denn vorher mit seinem Glauben? Es hatte eine Zeit gegeben, da war der Glaube unter den Gefangenen gleichsam hingefallen. Nicht, dass Hesekiel gezweifelt hätte, dass Gott da war, aber er konnte es persönlich nicht mehr fassen, er hatte nicht mehr den Durchblick. Und nun wurde dieser Glaube, der keine Füße mehr hatte, durch die Erquickung wieder auf die Füße gestellt, so wurde aus einem Liegeglauben gewissermaßen ein Glaube, der wieder auf den Füßen stand, aus dem Horizontal-Glauben wurde ein Gang-Glaube, der auf den Füßen stehen konnte. So schreibt auch Jesaja: »Die Knaben werden müde und matt und die jungen Männer fallen hin; aber die auf den Herrn harren, kriegen neue Kraft!«

Ein Christ darf durch Kraftzulagen Gottes über sich selbst hinauswachsen und darf in Lagen, die er sich selbst niemals zugetraut hätte, dem Herrn trauen, dass er ihm hilft und dass er sie besteht. Denn er wird zu seiner Stunde dir die Fahrkarte geben, die du jetzt noch nicht brauchst. Vielleicht brauchst du sie auch gar nicht. Aber er kann und wird sie dir geben, wenn es nötig ist. Gott segnet uns nicht deshalb, dass wir in Ruhestellung gehen. Er hat immer Absichten, dass das, womit er uns segnet, auch anderen zugute kommen soll. Er erquickt dich für andere, damit du weitergibst. Er will dich als Vordermann einsetzen, dass du dann durch stille Gelassenheit und Glaubensheiterkeit auch anderen ein Zeugnis bist. So war es auch bei Elia. In 1. Könige 19 wird von ihm berichtet, dass er sich unter einen Wacholderstrauch setzte und sprach: Herr, es hat keinen Zweck mehr. Ich kann nicht mehr. Es ist genug!

Woher weißt du, dass es genug ist? Du kennst ja Gottes Plan für dein Leben nicht. Den kennt allein Gott! – Und weiter sagte Elia: Ich bin nicht besser als meine Väter! – Das war er ja auch nicht. – Es ist genug, sagte er, nimm nun meine Seele von mir. Ob es genug ist, das kann er nicht wissen. Wir sollen nicht ungerufen zum König kommen. Und was geschah? Gott schickte ihm Brot und Wasser auf wunderbare Weise, und es wurde ihm gesagt: Nimm und iss, denn du hast einen weiten Weg vor dir. Da ging Elia mit seinem Glauben in Bereitschaftsstellung. Und er stand auf und ging in Kraft dieser Speise 40 Tage und 40 Nächte durch die Wüste.

Das will der Herr unseren Brüdern in der Zone und in Ost-Berlin schenken und allen, die um seines Namens willen leiden. Er hat die Macht, auch alles zum Guten zu wenden, und wir beten auch darum. Aber er will in der Wüste der Not und des Leids und des Abgeschnittenseins unsere Brüder stärken, dass sie kraft seines Wortes und durch seine Kraftzulagen durch die Wüste menschlicher Versuchungen und Herausforderungen gehen.

4. Was soll er nun tun, nachdem der Herr mit ihm geredet hat, ihm Kraftzulagen gegeben hat, dass er unter den bleibenden Verhältnissen in neuer Weise wandern und weitergehen konnte, nachdem der Glaube in Bereitschaftsstellung gegangen ist?

Nun hört er die Botschaft: Du sollst sagen: So spricht der Herr, ob sie nun hören oder es lassen ... Wisst ihr, dass da immer wieder eine kleine Bemerkung steht bei diesen Botschaften: Ihr sollt erfahren, dass ich der Herr bin. Fast in jedem Kapitel des Alten Testaments wird das ins Gedächtnis gerufen, wer der Herr ist. »Ihr sollt erfahren, dass ich der Herr bin.« Das ist ja ein Versprechen für den irdischen Weg. Erfahren hängt mit »fahren« zusammen, das eigentlich so etwas Ähnliches wie »leben« bedeutet. Während ihr fahrt und glaubt und lebt, sollt ihr erfahren, dass ich da bin. Eine wunderbare Zusage! »Ihr sollt erfahren, dass ich der Herr bin.« – »Wer an ihn glaubt, wird nicht zuschanden werden.« Nimm das wörtlich für deine besonderen Probleme. Berufe dich vor dem Herrn auf dieses Wort und bring ihm deine Sache vor.

Ich weiß nicht, wie er den Knoten lösen wird; aber: »Ihr sollt erfahren, dass ich der Herr bin.« – »Wer an ihn glaubt, wird nicht zuschanden werden.«

Ich könnte dazu Beispiele erzählen, wie Menschen erlebt haben, dass Gott eine Wand vor ihnen niedergelegt hat. Ich könnte aus dem eigenen Leben erzählen, und das könnten viele andere hier auch.

Aber mit gleichem Ernst sagt die Bibel auch: »Du musst innewerden und erfahren, was es für Jammer und Herzeleid bringt, den Herrn, deinen Gott zu verlassen und ihn nicht zu fürchten.« Denn Gott ist nicht eine platonische Angelegenheit, sondern ein Gott, der persönlich handelt, ein heiliger Gott, der Ehre keinem anderen lässt. »Du musst innewerden und erfahren, was es für Jammer und Herzeleid bringt, den Herrn, deinen Gott zu verlassen und ihn nicht zu fürchten.« Das gibt Brandwunden. Das haben wir alle erlebt da, wo wir Gott aus der Schule gelaufen sind. Da haben wir das Lachen des Teufels gehört. Erst hat er uns gelockt und dann verbrannt. Lieber sparsam und einfach mit dem lebendigen Gott leben, als in Üppigkeit ohne den Frieden und die Erleuchtung Gottes.

Und denken wir daran, was der Herr in Lukas 21 sagt: »Es werden Zeichen geschehen an Sonne und Mond und Sternen.« Ob das wohl diese Weltall-Flugversuche sind? Wir haben früher immer gedacht: Zeichen von Gott her. Es könnte ja auch sein, dass Gott in göttlicher Ironie mit den Menschen hier etwas geschehen lässt.

»Und die Menschen werden vergehen vor Furcht und in Erwartung der Dinge, die kommen sollen.« Das kann man auch so übersetzen: Sie sind aufgebläht in Sensationserwartung. – Und jetzt kommt eine Anweisung für die Gemeinde Jesu: »Wenn solches anfängt zu geschehen, so erhebet eure Häupter – so sehet auf –, darum, dass sich eure Erlösung naht.« Das kann die Bibel sagen. So spricht der Herr. Der Herr sagt: Ich komme wieder, und dann gibt es eine globale Zuspitzung der Dinge. 1900 Jahre lang hat man auch immer wieder daran herumgerätselt, wie das wohl gehen könnte. Zeitweise hat man diese Aussagen auch einfach liegen gelassen. Jetzt ist das absolut im Bereich des Möglichen, dass der ganzen Menschheit an einem Abend auf einen Schlag bange wird. Das war vor 40 Jahren nicht denkbar. Wenn solches anfängt zu geschehen, sehet auf, erhebet eure Herzen. Das heißt nun nicht, dass wir alles hinwerfen und warten der Dinge, die kommen werden, sondern wir warten als Handelnde, Lebende, Liebende und Lernende, aber in der Aufmerksamkeit und im Ernstnehmen der Zeichen, indem wir die Zeit auskaufen als eine noch einmal geschenkte Chance. Seit der russischen Gefangenschaft habe ich das täglich beten gelernt, dass ich diesen Tag noch einmal im Frieden mit Gott haben darf, dass ich noch einmal sein Wort hören darf. Gott spricht persönlich – Gott gibt Kraftzulagen durch sein Wort – Gott will mich in Bereitschaftsstellung bringen – Gott will mich als Boten brauchen, der selbst hört und liest, nicht als Pastor, sondern als Christ, der wie eine Weckuhr Gottes für seine Umgebung funktioniert. Als einen, der im

Beruf seinen Mann steht, damit nicht durch das alltägliche Leben die Botschaft Gottes unglaubwürdig wird. In allem sollte es deutlich werden, auch in der Mitmenschlichkeit, in der Kameradschaft und der Pflichterfüllung. Christen sollen Vorbilder sein, Positionslichter auf der Straße zur ewigen Heimat, damit andere stutzig werden und fragen nach dem Gott des Heils.

Amen!

Das Leitmotiv unseres Lebens

Jugend- und Posaunengottesdienst am 7. Oktober 1962 in Lüdenscheid

Predigttext: *2. Korinther 5,9*

Meine lieben Brüder und Schwestern, ihr jungen Freunde!

Jetzt haben wir miteinander gesungen, jetzt haben die Posaunen geblasen, wir haben die Schriftlesungen gehört; alles war auf den Ton des Dankens und des Lobens und der Freude gestimmt, und an diesem herrlichen Spätherbsttag wird einem das noch leichter, in dieses Danken und Loben einzustimmen.

Aber nun geht es darum – wie es Probst zur Nieden, der Leiter der Männerarbeit, ausgedrückt hat in seinem Buch »Nach dem Gottesdienst« –, wie wir das, was uns in dieser Stunde erfüllt, in den Alltag übersetzen, dass es zu einem ganzheitlichen, durchgängigen Leben aus der Dankbarkeit, aus der Freude kommt. Dazu soll dieser Vers als Predigttext dienen. Luther übersetzt: »Darum fleißigen wir uns auch, wir sind daheim oder wallen, dass wir ihm wohl gefallen.« Im Zusammenhang des Textes ist das so gemeint: »Wir sind schon in der ewigen Heimat oder noch unterwegs auf der Erde.« Wir nehmen es aber jetzt einmal ganz auf unser irdisches Leben zugeschnitten nach dem wörtlichen Urtext. Da heißt es dann:

»Wir setzen unsere Ehre darein, wir sind zu Hause oder unterwegs, dass wir dem Herrn wohlgefallen.«

1. Worein setzen wir unsere Ehre in unserem praktischen Leben?

So müssen wir uns einmal fragen. Wir fragen zugleich die anderen, die nicht hier sind. Worein setzen Menschen häufig, vielleicht sogar normalerweise, ihre Ehre? Sie setzen ihre Ehre in berufliches Können, ihre Ehre in sportliche Leistung, ihre Ehre in gutes Aussehen, ihre Ehre in gesellschaftliche Stellung, ihre Ehre in irgendein Hobby, das sie beherrschen. Das sind nur ein paar Dinge.

Worein setzen wir unsere Ehre? Was ist das verborgene Leitmotiv unseres Lebens? Gottes Wort sagt, wenn wir unsere Ehre in diese eben genannten Dinge setzen oder auch in andere ähnlicher Art, und die Ehre dem Herrn gegenüber steht eingruppiert in diesem Reigen, dann treiben wir Abgötterei, und wenn wir noch so prächtig evangelisch sind.

Gott will seine Ehre keinem anderen lassen, und wir sollen Gott über alle Dinge fürchten, lieben und vertrauen, wie Luther übersetzt.

Ich kann meine Ehre dareinsetzen, dass ich etwas leiste. Ich habe als Christ bestimmt nicht die Vollmacht, eine ruhige Kugel zu schieben und krumme Touren zu reiten. Aber an der Spitze steht: Wir setzen unsere Ehre darein, dass wir dem Herrn wohlgefallen. Das ist leicht gesagt von der Kanzel und leicht gehört im Gotteshaus. Aber das gilt es, in den Alltag zu übersetzen, dass das Loben und Danken aus der Stillen Zeit am Morgen und aus dem Gottesdienst wirklich praktiziert wird im Alltagsleben, zu Hause und unterwegs, dem Herrn zum Wohlgefallen.

2. Es geht hier um ein ganzheitliches Leben, um ein durchgängiges Leben.

Wir sind daheim oder wallen, wir sind zu Hause oder unterwegs, das ist nur ein stellvertretender Ausdruck für das ganze Leben. Das ist es ja, was vielerorts Menschen den Christen und der Kirche vorwerfen: Ja, bei besonderen Gelegenheiten, im Gottesdienst, da können sie fromm und liebevoll sein. Aber in der Küche und Werkstatt und unterwegs im Omnibus, da solltest du sie mal sehen. Es geht um ein ganzheitliches, durchgängiges Leben unter dem Wohlgefallen und zum Wohlgefallen des Herrn. Dahin geht ein heimliches Heimweh unter den Menschen, vor allem unter jungen Menschen. Sie möchten Leitbilder haben, die nachahmenswert sind, Menschen, die durchgängig – nicht als Experten auf einem Gebiet – sondern durchgängig beispielhaft sind in ihrem Leben.

Dazu ein Beispiel: Einer der früheren Olympiakämpfer, George Sadden, ein Amerikaner, war ein Meisterschwimmer, und er ist eines Tages als Betrunkener in einer Straßenpfütze ertrunken. Ich richte nicht über den Mann. Aber das passt doch nicht zusammen: Olympiasieger – aber im persönlichen Leben hat er nicht die nötige Zucht über sich. Oder Marilyn Monroe, die in Millionen von Bildern als kollektives Beispiel an die Wände gehängt wurde und die dann im Pendeln zwischen den Anforderungen der Filmwelt und der Menschen, die sie verehrten, und dem Gefühl, dass das Leben für sie keinen Sinn mehr hatte, vorzeitig aus dem Leben geschieden ist durch eine freiwillig genommene Überdosis an Schlaftabletten. Ohne dass ich richte; aber das ist doch irgendwie nicht ganzheitlich, nicht durchgängig. Wir brauchen auch für unsere jungen Menschen Leitbilder, die glaubwürdige Vorbilder sind, nicht Musterknaben, denn sie haben ja alle ihre Fehler und negativen Seiten, aber durchgängig beispielhaft sollten sie sein. »Wir schreien nach Menschen«, so hat ein junger Mensch geschrieben, »die nachahmenswert sind im Zeitalter der Klischees und Duplikate und Kopien.« Kennst du solche nachahmenswerten Menschen in deiner Umgebung? Gott sei Dank, es gibt welche davon.

Und nun will das Neue Testament, nun will der Herr uns, die wir den Namen Jesu bekennen oder auf dem Wege zu ihm sind, er will uns locken, dass wir in unserem Christenstand durchgängig sind, zu Hause und unterwegs, dass wir überall glaubwürdig und nachahmenswert sind bei aller Menschlichkeit und Schwäche. Wir fleißigen uns, wir setzen unsere Ehre darein, wir sind zu Hause oder unterwegs, dass wir dem Herrn wohlgefallen.

3. Dass wir dem Herrn wohlgefallen!

Jetzt kannst du sofort fragen: Wann gefalle ich dem Herrn wohl? Nun ist uns ja eins längst klar, dass wir nicht wieder in die alte Tour kommen dürfen, in der wir waren, dass wir nämlich nicht meinen, wir könnten uns mit guten Werken den Himmel verdienen und das ewige Leben erwerben. Das haben wir ja inzwischen tausend Mal gehört in Reformationsgottesdiensten und anderen Gottesdiensten. Aber wir müssen auch mit ganzem Ernst sagen: Der Herr wünscht nicht ein schläfriges Christenleben, das sich im Zahlen von Kirchensteuern und gelegentlichen Gottesdienstbesuchen erschöpft. Er erwartet, dass wir aus Dank und Liebe gegen seine entgegenkommende große Liebe, die am Kreuz Gestalt gewann, unter Einsatz des ganzen Lebens wagen, so zu handeln, dass wir ihm wohlgefallen im Haus und im Beruf, zu Hause und unterwegs.

Nun könnte man manches nennen, was nach dem Neuen Testament zum Wohlgefallen Gottes gehört.

Als ich im März 1946 nach einjährigem Warten in russischer Gefangenschaft die erste Post von zu Hause bekam – in dieser Post stand auch die Nachricht vom Heimgang meiner Schwester Lydia, das war sehr schmerzlich für mich – an diesem Tage stand im Lehrtext der Brüdergemeinde das Wort: »Wohl zu tun und mitzuteilen vergesset nicht; denn solche Opfer gefallen Gott wohl.«

Da wird es ganz praktisch. Wohl tun und mitteilen, wie das im Alltag aussieht, das weißt du ja genau. Das gefällt Gott wohl im Leben seiner Leute, wenn sie bereit sind, wohl zu tun und mitzuteilen an ihre Umgebung, nicht als ein Verdienst, das der Herr anrechnet mit roter Tinte, sondern es gilt, aus Dank und Liebe ihm wohlzugefallen durch Wohltun und Mitteilen unter den Menschen. Das sind ja Worte aus Hebräer 13, dort ist auch die Rede von der Frucht der Lippen, die seinen Namen bekennen. Das ist auch etwas, was Gott gefällt: Das Wohltun der Hände, das Mitteilen der Hände und das Bekenntnis der Lippen. Eins darf man nicht vom anderen abspalten, es sollte nicht so sein, dass einer in der Fabrik immer neu ein Zeugnis von Jesus sagt, und in beruflicher Hinsicht ist er eine völlige Niete. Das ist ja nicht ganzheitlich, oder dass einer das Jugendabzeichen trägt und in der Schule der größte Mogler ist, oder dass eine Bezirksfrau oder Helferin im Bezirk ist und in der Nachbarschaft als die schlimmste Quertreiberin oder die größte Klatschbase gilt, die da herumläuft. Und wir können uns nicht damit abfinden: Ich bin nun mal so, ich habe das geerbt von meinem

Vater, dass ich jähzornig oder neidisch oder eifersüchtig bin. In der Schule Jesu darfst du all diese Dinge ablegen. Was du nicht kannst, kann dein himmlischer Vater, und was du nicht hast, hat er. Hole im Glauben Gnade ab zu einem ganzheitlichen, durchgängigen Christenleben, das dem Herrn wohlgefallen möchte.

Du Bruder, du Schwester und du junger Mensch, der du noch mehr vom Leben vor dir hast als wir in den mittleren Jahren oder die Älteren, du hast die Chance, und wir haben sie alle, dass wir jeden Schritt unseres Lebens tun unter dem Vorzeichen: Ad maiorem Dei gloriam – zur größeren Ehre Gottes – in meinem Beruf und Stand. Darein setze ich meine Ehre, dass ich dem Herrn wohlgefalle.

4. Ein ganzheitliches Leben!

Wir haben uns die Bilder vergegenwärtigt von einem aufgespaltenen Leben. Der Herr will uns durchgängig haben. Darum heißt es auch in den Zielsätzen Evangelischer Jugend: »Mein ganzes Leben steht im Licht der frohen Botschaft . . .« , mein ganzes Leben, auch in der Art, wie ich mich unter mein Scheitern stelle und um Vergebung bitte.

Als Johannes Busch, der Bundeswart des Westdeutschen Jungmännerbundes – wir denken heute auch an das große Bundesvertretungstreffen in Barmen, wo jetzt Pastor Fuchs die Predigt vor 500 versammelten jungen Männern halten wird – als Johannes Busch 1956 im April starb, da hat er seine sechs Kinder zu sich gerufen – seine Frau war schon heimgegangen, nun musste auch er gehen – und er hat zum Schluss zu seinen sechs unmündigen Kindern drei Sätze gesagt:

Habt euch untereinander lieb!
Haltet euch miteinander bei Jesus fest!
Tut etwas Praktisches für den Herrn Jesus!

Willst du diese drei Sätze mitnehmen und behalten?

Habt euch untereinander lieb! – Die Lebenszeit ist doch so kurz. Es lohnt sich doch nicht, dass wir den anderen durch Sticheleien mürbe machen und ihm das Leben schwer machen.

Haltet euch miteinander bei Jesus fest! – Der Teufel ist dabei, den Einzelnen aus der Nachfolge herauszuschießen und abzuwerben von der Seite Jesu weg. Wir kommen vor dem Jugendgottesdienst immer in einem kleinen Gebetskreis zusammen, wo wir auch die Namen der Auswärtigen und Kranken und Angefochtenen vor Gott nennen. Wir beten da für diese Stunde und für euch alle, und diese Fürbitte ist nichts anderes, als dass wir über den Thron Gottes einander festhalten. Hältst du dein Kind fest bei Jesus, du Vater, du Mutter? Du Kind, hältst du deine Eltern fest durch deine Fürbitte, deine Lehrer, deine Kollegen und andere Menschen, die dir Gott in die Nähe gesetzt hat? Haltet euch miteinander fest bei Jesus. Das ist die allerwichtigste Fürsorge und Seelsorge, die wir untereinander haben.

Und tut etwas Praktisches für Jesus! – Das ist unendlich wichtig, dass wir nicht nur Glieder der Kirche oder eines Vereins sind, dass wir nicht nur treu den Gottesdienst besuchen – schön, wenn es so ist! – sondern: Tu etwas Praktisches, etwas Zusätzliches, aus Dank und Liebe zu Jesus. Schreibe Adressen für Jesus, besuche für Jesus Einsame und Leid Tragende, blase für Jesus die Posaune wie unser Chor es tut in Gefängnissen, auf den Straßen, in den Fabriken. Menschen, die Handreichung, praktischen Hilfsdienst für den Herrn tun, die bleiben bei ihm. Andere wieder tun ihr Portmonee auf für Jesus, weil Gott ihnen etwas dahinein gelegt hat. Alles das ist Dienst für den Herrn, Dienst des Wortes, Dienst der Verwaltung, der Fürsorge und vieles mehr.

Habt euch untereinander lieb! Haltet euch miteinander bei Jesus fest! Tut etwas Praktisches für den Herrn!

Wollen wir darin einig sein von heute ab? Wir setzen unsere Ehre darein, zu Hause und unterwegs, in allen Lagen, durchgängig, dass wir dem Herrn wohlgefallen. Das macht unabhängig von Menschen und selig abhängig von dem Herrn.

Amen.

Der wichtigste Besuch der Weltgeschichte

Jugendgottesdienst am 2. Dezember 1962

Predigttext: *Lukas 1,78-79*

Meine Lieben!

Ich habe vor wenigen Tagen einen neuen Adventsvers entdeckt, der wohl von irgend einem modernen Dichter stammt:

Noch einmal ist uns diese Frist verliehen,
dass uns der Engelruf zu Herzen geht,
dass wir nach Bethlehem die Straße ziehen,
dem Sterne zu, der überm Stalle steht.
Die Zeit ist reif und drohend das Gericht.
Doch wer geborgen ist in Jesu Händen,
dem gilt das Wort: Getrost! Fürchte dich nicht!

Die beiden ersten Worte »noch einmal« haben mich dabei besonders gepackt. »Noch einmal ist uns diese Frist verliehen . . .« Beinahe wäre es schief gegangen vor sechs Wochen – das ist uns doch klar, ja? – auf dem Höhepunkt der Kubakrise. Beinahe wäre es schief gegangen und wir säßen nicht im Frieden in der Erlöserkirche heute Morgen am 1. Advent. Und mancher andere kann nicht mehr hier sitzen, der im vorigen Jahr noch den 1. Advent gefeiert hat.

Das weltgeschichtliche Klima ist wieder etwas wärmer geworden, aber das kann sich im Handumdrehen ändern. Und wenn es ganz warm würde und wir kriegten Jahre des Friedens; – wie deine persönliche Lebensbahn weiterläuft, weißt du nicht, ich weiß es auch nicht von mir:

Noch einmal ist uns diese Frist verliehen –
heute, am ersten Advent –
dass uns der Engelruf zu Herzen geht.

Und nun soll es so sein vom 1. Advent 1962 an: Machet die Tore weit, im eigenen Leben und in der Umgebung. In der Schriftlesung von heute, Jesaja 40, heißt es:

»Du Predigerin Zion, steige auf die hohen Berge, Jerusalem, du Predigerin, hebe deine Stimme auf mit Macht, rufe laut.«

Was sollen sie denn rufen? Siehe, da ist euer Gott! – Wo denn? In der Krippe, da ist unser Gott.

Nicht begreifen, nur anbeten kann ich Mensch die Gottestat,
sinnend an die Krippe treten, drin Gott selbst gelegen hat.

Sieh, und jetzt sind wir auch bei den Aussagen unseres Textes. Adventszeit, das heißt, wir rüsten uns, wir bereiten uns vor, wir lassen uns wieder neu und noch einmal – noch einmal – mitnehmen auf die Straße nach Bethlehem, um den seltensten Besuch, den notwendigsten Besuch und den folgenreichsten Besuch, den es je auf dieser Erde gab, mitzuerleben.

1. Der seltenste Besuch, den es je auf dieser Erde gab.

»Durch die herzliche Barmherzigkeit unseres Gottes hat uns besucht der Aufgang aus der Höhe.«

Wir erleben ja in diesen Tagen mit, wie unser Bundespräsident überall in der Welt empfangen wurde. Ich sah vor Tagen ein Bild, wie thailändische Frauen, die ja für ihre Schönheit bekannt sind, mit Schalen voll Rosen in den Händen den Bundespräsidenten begrüßten. Da wird ein Aufwand gemacht! Oder in Indien, die Begegnung mit dem Staatspräsidenten Nehru. Da gab es ein Staatsbankett, Empfänge, Besichtigungsreisen, Konferenzen. Da erscheinen die Politiker im besten Anzug, da sind Kriminalbeamte zur Stelle. Oder wir denken an den glanzvollen Staatsbesuch von de Gaulle in diesem Jahr. Was war das für ein Aufwand. Solche Besuche können sehr bedeutsam sein, aber sie haben immer nur vorübergehende Bedeutung, und sie können immer nur auf einem Teilgebiet Hilfe bringen, dass vielleicht drohende Katastrophen abgewendet werden, dass Entwicklungshilfe geleistet wird, und so weiter. Dies aber ist der seltenste Besuch, der je auf dieser Erde passiert ist, nicht ein Besuch von Land zu Land, von Kontinent zu Kontinent, sondern ein Besuch vom Himmel zur Erde. Das war noch mehr als: »Es war, als hätt' der Himmel die Erde still geküsst ...« Hier ist Eingang des lebendigen Gottes in die Weltgeschichte! Es hat uns besucht der Aufgang aus der Höhe. Hier ist das Bild vom Sonnenaufgang. Jesus, der König des Advent, das Kind in der Krippe, wird hier unter dem Bilde der Sonne gesehen:

Ich lag in tiefer Todesnacht, du wurdest meine Sonne,
die Sonne, die mir zugebracht Licht, Leben, Freud und Wonne.

Setz dich in diesen Wochen diesen Strahlen aus, die von der Krippe kommen. Setz dich den Strahlen aus, die von der Sonne kommen, dieser Sonne der Gnade, von diesem Aufgang aus der Höhe. Es ist unglaublich. Es ist eins der größten Geheimnisse der ganzen Heilsgeschichte, dass Gott selbst diese Erde besucht hat. Es gibt einen Bildband von Palästina mit dem Titel: »Hier hat Gott gelebt«. Jawohl, er hat hier gelebt, 33 Jahre lang. Das war nicht nur eine Stippvisite auf ein paar Minuten, nicht nur ein Besuch in Bettlerverkleidung, sondern wirklich eine Summe von Menschentagen, vom ersten Atemzug, nachdem er aus dem Leibe der Mutter geboren wurde, bis zum Todesseufzer am Kreuz. Das war der Besuch Gottes in der Weltgeschichte, ein Besuch von 33 Jahren.

Diesen Besuch wird es nie wieder geben, denn er wird wiederkommen in Herrlichkeit und Macht. Damals kam er als Bittender, als einer, der angewiesen war auf die Hilfsbereitschaft von Menschen. Sie hatten keinen Raum in der Herberge. So geht sein Gang weiter bis zum Kreuz, dieser Kreuzes- und Leidensweg Jesu Christi.

Ja, und das war ein Besuch, der nicht mit großem Bahnhof stattfand, sondern den hat man sehr despektierlich aufgenommen auf der Erde. In Rom hat man weiter gesorgt und sich vergnügt, während der Heiland der Welt geboren wurde. Die Öffentlichkeit hat keine Notiz davon genommen, dass der Heiland der Welt geboren wurde.

Das war der seltenste Besuch auf dieser Erde: Es hat uns besucht der Aufgang aus der Höhe!

2. Der notwendigste Besuch, den es je auf dieser Erde gab.

Staatsmänner können mit ihren Besuchen viel bedeuten. Es kann sein, dass damit ein Weltkonflikt verhindert wird, dass damit ein Dollarsegen verbunden ist und dass eine ganze Reihe von Hungernden der Erde danach nicht mehr hungern muss und dass Studenten und Techniker ausgebildet werden und dass wirkliche Völkerfreundschaften entstehen. Das ist alles nicht nebensächlich. Aber das ist alles nur klein und nichtig im Verhältnis zu diesem Besuch, der der notwendigste Besuch war, der je auf dieser Erde geschah.

»Denn durch die herzliche Barmherzigkeit unseres Gottes hat uns besucht der Aufgang aus der Höhe, auf dass er erscheine denen, die da sitzen in Finsternis und Schatten des Todes, und richte unsere Füße auf den Weg des Friedens.«

Was ist das für eine Existenzanalyse, die diese Erde betrifft: In Dunkelheit und Torschlusspanik läuft der Weg der Menschen dahin, behauptet Gottes Wort. Wir gehen hier durch Finsternis und Todesschatten. Bei allem Fortschritt, bei allem Vorwärtskommen in Wirtschaft, Kunst, Naturerkenntnis, Wissenschaft aller Art gilt auch heute die Existenzanalyse der Bibel für unsere Zeit: Dunkelheit und Todesschatten – Torschlusspanik. Um das zu erfahren, braucht man nur einen Blick zu tun in die moderne Literatur. Da erkennt man immer wieder hier und da die Fratze der Sinnlosigkeit, der der Mensch sich gegenüber sieht:

»Wir wüssten keinen, bei dem wir uns aufgehoben wüssten.« »Mein Leben war nur ein Irrtum, aber jetzt ist es zu spät.« »Alles geschieht, aber nichts ist bedeutend.«

Das sind alles Zitate. Da sieht man diese Zusammenhanglosigkeit in der Lebensauffassung dieser Menschen. Es liegt alles wie in einer Kommode nebeneinander: Arbeit – Freizeit – Hobby – Familienleben – Schicksalsschläge – politisches Geschehen. Es ist keine lebendige Mitte da, es ist alles diskontinuierlich. Furtwängler hat es einmal so ausgedrückt: Wir leben im Zeichen der Atonalität. Da ist keine gemeinsame Tonart mehr. Verlust der Mitte. Dunkelheit. Große Ratlosigkeit. – Da brauchst du dich nicht zu wundern, dass das zwischen den Völkern und im einzelnen Menschenleben auch nicht anders erscheint, so dass man das Gefühl hat, die meisten leben wie in einem Karussell, in einem immer währenden Kreislauf, und man muss mitnehmen, was man kriegen kann.

Vor einiger Zeit ist irgendwo in einer Schulklasse die Frage nach dem Sinn des Lebens gestellt worden. Da haben 80 Prozent geantwortet, dass sie keinen Sinn des Lebens sähen. Was für Leitbilder müssen diese jungen Menschen gesehen haben in ihrem Leben, wie müssen sie rechte Leitbilder vermisst haben! Ich habe es schon im Elternhaus erfahren dürfen, da habe ich schon als Kind irgendwie gemerkt und gewusst, dass es einen Sinn des Lebens gibt. Das habe ich an meinen Eltern gesehen. Ich bräuchte nicht nur sie zu nennen, ich habe noch manche andere Leitbilder kennen lernen dürfen.

Aber wie soll dieses Zeitalter, das so im Dunkeln lebt, genesen, wenn da keine Leitbilder sind, wenn es nur den Ausverkauf der Glaubwürdigkeit sieht, wo es kein Oben und Unten mehr gibt? Es ist Dunkelheit, Ratlosigkeit, Instinktlosigkeit. Überall sind die Kennzeichen der Torschlusspanik, der Angst vor dem roten Strich, dieser Angst, man könnte zu wenig genossen haben, ehe der Knall kommt, zu wenig gereist sein oder zu wenig weit gereist sein, zu wenig schön gewohnt haben und zu wenig gesehen haben von dieser Erde.

Ein notwendiger Besuch war dieser Aufgang aus der Höhe, weil wir Hilfe haben sollten in der Dunkelheit und im Todesschatten, dass der Mensch Hilfe bekäme, der sachliche, der intellektuelle, der skeptische Mensch, dass er Licht und Kraft bekäme zur Lebensbewältigung.

3. Der folgenreichste Besuch, den es je auf dieser Erde gab.

Wozu ist er denn erschienen, der Aufgang aus der Höhe? Wozu ist er zu uns gekommen, die wir wohnen in Dunkelheit und Todesschatten, in Ratlosigkeit und Beziehungslosigkeit, in Torschlusspanik, wozu? – »Dass er richte unsere Füße auf den Weg des Friedens.« Das ist der folgenreichste Besuch, der je auf dieser Erde passierte, denn dieser Besuch hat nicht nur zur Folge, dass Menschen aus der Finsternis und Torschlusspanik erlöst werden zu einem frohen und dankbaren Weg, sondern auch, dass die ganze Welt und der ganze Kosmos erneuert wird, denn am Ende stehen der neue Himmel und die neue Erde. Aber das fängt damit an, dass wir selbst auf einen neuen Weg kommen: » … dass er richte unsere Füße auf den Weg des Friedens.«

Seht, und wenn die Bibel das mit einem Wort kennzeichnen will, was die Sendung Christi bedeutet, dann spricht sie vom Frieden. Wir meinen hier nicht einen Kompromissfrieden, wie der zwischen Völkern ausgehandelt wird, etwa zwischen Amerika und Russland oder zwischen Kaschmir und Indien. Das ist ja immer nur Kompromissfrieden. Solcher Friede kann im Handumdrehen plötzlich etwas ganz anderes meinen und denken, und dann wird die Geschichte ganz anders, als es aussah. Wir meinen auch nicht solch einen Kompromissfrieden, wie er etwa bei Ehescheidungssachen am Gericht geschlossen wird.

Nein, hier handelt es sich wirklich um einen vollkommenen Frieden. Wenn die Bibel das sagt, was mit Christus gekommen ist, dann drückt sie das mit dem Wort Frieden aus. So hieß es schon in der Weihnachtsbotschaft: »… Friede auf Erden den Menschen des Wohlgefallens.« Und Jesus grüßt seine Jünger: »Friede sei mit euch« – so grüßt er auch nach der Auferstehung.

»Die Strafe liegt auf ihm, auf dass wir Frieden hätten.« Und Römer 5, Vers 1: »Nun wir denn sind gerecht geworden durch den Glauben, so haben wir Frieden mit Gott.«

Was heißt das? Das hängt im Urtext zusammen mit dem Wort »sprechen«. Wir haben Gesprächsgemeinschaft mit der allerletzten Instanz.

1939, als der 2. Weltkrieg begann, da hieß es kurz vor Ausbruch des Krieges überall, dass die Telefonkabelverbindungen nach England und Frankreich unterbrochen seien. Da merkte man: Jetzt ist der Gesprächskontakt abgeschnitten, das bedeutet Alarmstufe 1!

Das ist das Wunderbare, dass Gott damit beginnt, mit dem Heil seines Sohnes, dass er darauf zielt, dass die Gesprächsgemeinschaft des letzten Vertrauens mit dem lebendigen Gott hergestellt wird. Der Kontakt wird wieder hergestellt. Die Flucht hat ein Ende. Die Verdunklungspolitik hört auf. Sie hat aufzuhören. Sie ist überflüssig dadurch, dass Jesus kam, das Heil der Welt. »All unsre Not zum End' er bringt.« Wir können das jetzt gar nicht alles entfalten, aber wir wissen ja aus dem Neuen Testament, wie das anfängt, dass er uns nämlich zuerst unseren Schaden aufdeckt, dass wir an den Geheimnissen unserer Sünde kaputtgehen, indem er uns an die Krippe und unter das Kreuz führt, und da sehen wir das Wohltun Jesu Christi, und da sehen wir, dass das Blut Jesu Christi wahrhaftig und wirklich geflossen ist als Sühnemittel vor Gott für unsere Schuld, und wie es nun heißt: Freie Bahn dem Schuldigen. Und weil der Mensch seine Würde darin hat, dass er reden kann mit nächsten Menschen, so darf er auch reden mit Gott. Friede mit Gott, das heißt, es ist alles ausgesagt und getan, was für unser ewiges Heil notwendig ist. Der Herr hat alles vorbereitet und vorgesorgt.

Und Friede mit Gott von mir aus, das heißt: Es ist alles aussprechbar vor Gott. Ich brauche vor ihm nichts zu verschweigen, weil ich solch einen Gott und Herrn habe. Es ist von mir aus alles aussprechbar.

»So fass ich dich nun ohne Scheu, du machst mich allen Jammers frei«.

Gott kommt uns so entgegenkommend nahe, so barmherzig, dass er als ein kleines Kind erscheint, und vor einem kleinen Kind brauche ich mich nicht zu scheuen, meine Armut auszusagen. Das ist ja ein Bild. Gott wird so zutraulich in der Krippe, so entgegenkommend, so Brücken bauend. Er möchte unseren Mut locken, dass wir unsere Armut aussagen. Und nun lies zu Hause die Lieder durch, die Bußlieder, die Vertrauenslieder, die Psalmen, wie die

Menschen sich ausgeschüttet haben. Schüttet euer Herz aus, fresst es nicht in euch hinein, sagt es mit dem Mut, alles zu bekennen. Es ist alles aussprechbar, auch gerade das, was mich beschämt.

Von Gott her ist alles ausgesagt, von mir her ist alles aussprechbar.

Es ist alles vertrauenswürdig, was an Schickungen in mein Leben kommt, vertrauenswürdig, das heißt, im Vertrauen darf ich meinem Heiland zutrauen, dass alle Wege meines Lebens zu meiner letzten Vollendung dienen.

Frieden mit Gott haben, das heißt, zufrieden mit meinem Leben sein. Nicht, dass ich nicht auch Wünsche und Pläne haben könnte, aber ich darf trotzdem zufrieden sein in der Tiefe. Das meint das Wort: »Habe dein Schicksal lieb, denn es ist der Weg Gottes zu deinem Herzen«.

Das kann man nur verstehen vom Frieden mit Gott her. Das Bündel von Schickungen, das Gott dir zukommen lässt, das ist der Weg Gottes zu deinem Herzen. Er will gerade auf diesem menschlich so schwierig scheinenden Weg zu dir kommen, darum habe diesen Weg lieb.

Professor Heim sagte manchmal zu uns Studenten – das war in der Zeit vor dem Dritten Reich, als die Arbeitslosigkeit so groß war: Friede mit Gott, das heißt, dass der Arbeitslose seine Arbeitslosigkeit umarmen lernt, dass der Intelligenzlose seine Intelligenzlosigkeit umarmen lernt. Er soll natürlich versuchen, dass er wieder Arbeit bekommt, aber in der Tiefe, innerlich, fallen die Vorentscheidungen. Es kommt darauf an, dass man nicht aus dem Nein lebt und daran innerlich zerbricht, denn dann hat man im Grunde schon resigniert. Es ist alles vertrauenswürdig, was an Gott vorbei muss und dich trifft, auch das Erfreuliche, auch das Mut machende, auch die Bremsen und Korrekturen, selbst wenn Menschen an dir schuldig werden und du sie zur Rechenschaft ziehen musst. Aber alles geht an Gott vorbei.

Darum habe dein Schicksal lieb, denn es ist der Weg Gottes zu deinem Herzen.

Der Weg des Friedens – dahin lockt uns der Anruf Gottes. Nur auf diesem Weg darf ich in der Überlegenheit des Glaubens leben, weil ich nur so aus allen inneren Belastungen herauskomme.

Der seltenste, der notwendigste und der folgenreichste Besuch. Denn wo Friede mit Gott ist, da ist die lebendige Hoffnung, und wie sagt Paulus in Römer 5:

»Da wir nun gerecht geworden sind durch den Glauben, haben wir Frieden mit Gott ... und rühmen uns der Hoffnung der zukünftigen Herrlichkeit.« Wo an der verborgensten Stelle das Einverständnis des Friedens mit Gott ist durch seine totale Vergebung, da ist die neue Welt Gottes und da ist ein neuer Himmel und eine neue Erde, da wird das schon spürbar für mich persönlich, denn wo Vergebung der Sünde ist, da ist Leben und Seligkeit, Ewigkeit, Kraft und Herrlichkeit!

Noch einmal ist uns diese Frist verliehen,
dass uns der Engelruf zu Herzen geht,
dass wir nach Bethlehem die Straße ziehen,
dem Sterne zu, der überm Stalle steht.
Die Zeit ist reif und drohend das Gericht.
Doch wer geborgen ist in Jesu Händen,
dem gilt das Wort: Getrost! Fürchte dich nicht!

Amen.

Von der Würde der Kinder Gottes

Jugendgottesdienst am 6. Januar 1963

Predigttext: *Psalm 8,1: »Herr, unser Herrscher, wie herrlich ist dein Name in allen Landen.«*

Meine Freunde!

Vorgestern haben wir sicher alle im Blatt gelesen, dass 32 Menschen aus Sibirien den weiten Weg gemacht haben bis nach Moskau, 3000 Kilometer weit sind sie gekommen, weil sie in Glaubensbedrängnis waren, um in der amerikanischen Botschaft in Moskau Schutz zu suchen und um Fürsprache zu bitten für ihre Glaubensfreiheit. In der Presse stand, es seien Glieder einer evangelischen Sekte gewesen. Ich weiß nicht, zu welcher Glaubensrichtung sie gehört haben. Aber das eine weiß ich: Wer richtig gelesen hat, der hat einen Respekt bekommen, dass Menschen heutzutage im 20. Jahrhundert, wo alles andere Trumpf ist, wo aber nicht mehr groß nach dem Glauben gefragt wird, dass da 32 Menschen, Eltern und Kinder, sich für 3000 Kilometer aufmachen um ihres Glaubens willen. Sie haben wohl nicht zu Fuß die Strecke zurückgelegt, aber es hat sie doch Geld gekostet, und ich glaube, gerade diesen Menschen, die dahin gegangen sind, saß das Geld nicht locker in der Tasche. Was war ihnen ihr Glaube wert: Eine Reise von 3000 Kilometer, das Risiko, dass sie hinterher zur Rechenschaft gezogen werden in Russland, die Strapazen der langen Reise ...! Wie viel ist dir dein Glaube wert, wie viel ist mir mein Glaube wert?

Welchen Kurswert hat das teure Wort Gottes in deinem und meinem Leben? Welchen Kurswert haben die schönen Gottesdienste des Herrn in deinem und meinem Leben, die Gemeinschaft unter dem Wort, die Stille Zeit, das Opfer für das Werk Jesu? Lauter Fragen, die auftauchen über solch einer Zeitungsnotiz.

Nun stehen wir hier bei unserer Jahreslosung: Herr, unser Herrscher, wie herrlich ist dein Name in allen Landen! Ein wunderbares Wort! Eine Respekt fordernde Jahreslosung! Herr, unser Herrscher, wie herrlich ist dein Name in allen Landen!

1. Welch ein Name!

Wie heißt denn der Name Gottes? – Wie herrlich ist dein Name in allen Landen! – Nun, die Bibel hat eine reichhaltige Weise, wie sie vom Namen Gottes spricht. Ein Eigenname Gottes: Jehova – oder sprachlich besser: Jahwe.

»Dir, dir Jehova, will ich singen, denn wo ist doch ein solcher Gott wie du?«

Diesen Namen bezeugt Gott dem Mose bei seiner Berufung: »Ich werde sein, der ich sein werde«, das heißt: Ich bin der Zukünftige, der Ewige. Die Bibel nennt einen weiteren Eigennamen: Zebaoth.

»Heilig, Herr Gott Zebaoth, heilig, Herr der Kriegesheere, starker Helfer in der Not.«

Herr Zebaoth, das heißt Herr der Heerscharen; der Allmächtige – frei übersetzt. Der Ewige – Jahwe, der Allmächtige – Zebaoth. Es gibt noch andere Eigennamen. Sodann gebraucht die Bibel aber auch bildliche Namen für Gott. Wir könnten mal die Psalmen durchgehen. In Psalm 18: Mein Fels, meine Burg, mein Schild, mein Hort. Weiter: Der Herr ist mein Hirte. Dann die Königspsalmen: Der Herr ist König über alle Welt. Lies einmal Psalm 95 und die nächsten. Da ist immer vom Königtum Gottes die Rede. Weiter Psalm 103: Wie sich ein Vater über Kinder erbarmt, so erbarmt sich der Herr über die, so ihn fürchten. Welch ein Name: der Ewige, der Allmächtige, der Fels, der Hort, die Burg, der König, der Vater, der Meister, der Richter. Und an diesem Namen klebt nichts von Unangenehmem, klebt nichts von Anrüchigem. Dieser Name hat einen reinen Schild. Denn es ist der heilige Name, der Ehrfurcht gebietende Name, der unbefleckte Name, der lautere Name. Unser aller Namen sind, wenn auch nicht im bürgerlichen Sinne, vor dem lebendigen Gott diskreditiert. Unser Name ist vor Gott verbraucht, befleckt, abgewertet. Aber welch ein Name! Herr, unser Herrscher, unser Vater, unser König, unser Hirte, unser Meister. Gebrauche ruhig im persönlichen Gebetsleben viele dieser Namen; nicht nur immer »lieber Heiland«, »lieber Gott«. Bereichere dein Gebetsleben, indem du auch in der Anrede Gottes die Ehre seines Namens und die Weite seines Namens in Anspruch nimmst.

Aber einen Namen habe ich noch nicht genannt, das ist der Name Jesus, Jesus Christus. Jetzt kann ich noch ganz anders sagen: Welch ein Name! Jesus heißt Seligmacher. Das ist Jesus. Und Christus, das heißt: der Gesalbte, der Herr, Kyrios im Griechischen. Das müssen wir hören in den neutestamentlichen Aussagen: Mir ist gegeben alle Gewalt im Himmel und auf Erden. Das geschieht jetzt noch inkognito, verhüllt, unter der Wolke. Aber es ist schon jetzt Tatsache. Jesus ist aber auch der Pantokrator. Durch ihn ist alles geschaffen und von ihm hängen alle Geschöpfe ab, und er trägt alle Dinge mit seinem kräftigen Wort, auch die Dinge der Widersacher, auch das Schreckliche. Nicht, dass er das Schreckliche will, er lässt es reifen, er trägt alles, auch das uns oft anstößig und zurückhaltend Erscheinende. Aber er hat die Hand am Hebel. Er ist der Pantokrator. Ihm sind untertan die Engel und die Gewaltigen und die Kräfte, alles, was genannt mag werden, alles ist Jesus Christus untertan, zu dem du heute Morgen schon gebetet hast. Diesem Gott ist alles untertan.

Welch ein Name! Darum können wir verstehen, was die böhmischen Brüder gesungen haben:

Dir ist das Weltall untertan,
dich beten alle Himmel an.
Dir beugt sich, was auf Erden ist
und was die Hölle in sich schließt.

Preis dir, der herrlich überwand,
der thront zu Gottes rechter Hand.
Den Vater auch und Heilgen Geist
auf ewig unser Loblied preist.

Es gibt kein Gebiet der Schöpfung, der Wissenschaft, des Lebens überhaupt, das nicht unter seiner Herrschaft stände, auch wenn die Träger dieses Lebens und dieser Gebiete ihm nicht die Ehre geben, und er ist der Herr der Physik und der Chemie und der Astronomie und der Weltpolitik und der Herr aller Wesen, aller Menschen aller Zeiten und aller Zonen. Und alles muss ihm dienen, und von ihm kommt alles her, und zu ihm geht alles hin. Er ist der Pantokrator, der Allherrscher. Welch ein Name!

2. Welch eine Rufweite!

Herr, unser Herrscher, wie herrlich ist dein Name in allen Landen. Da müssten wir nun den Psalm 8 einmal ganz lesen. Hier zählt der Psalmist auf: Wenn ich sehe die Himmel, deiner Finger Werk. Das ist geradezu ironisch ausgedrückt: Die Himmel, das Werk der Finger Gottes, das ist die Sternenwelt. Und wie viele Millionen und Milliarden von Sternen gibt es! Dazu ist nicht die Armkraft Gottes notwendig, sondern das ist seiner Finger Werk. Was können wir schon mit einem Finger machen! Wir brauchen Holzhämmer, Pressluftbohrer, Dynamit! – Gott nimmt seine Finger und schafft die Welt, Sonne, Mond und Sterne. Der Psalmsänger hatte ja noch einen beschränkten Einblick in die Sternenwelt. Und dann der Blick zur Erde hin: Menschen, Tiere, Vögel, Landtiere, Fische. Von der Sternenwelt zur Tiefe der Erde. Alle Lande sind seiner Ehre voll, denn es ist alles durch ihn geschaffen, das heißt alles hat, selbst noch in der Verzerrung, diese Ehre, dass es einen Christusglanz hat. Hören wir einmal Psalm 96. Da wird die ganze Schöpfung aufgerufen zum Lob Gottes und zur Ehre seines Namens:

»Ihr Völker, bringet her dem Herrn, bringet her dem Herrn Ehre und Macht. Bringet her dem Herrn die Ehre seines Namens; bringet Geschenke und kommt in seine Vorhöfe! Betet an den Herrn in heiligem Schmuck; es fürchte ihn alle Welt! Saget unter den Heiden, dass der Herr König sei und habe sein Reich, soweit die Welt ist, bereitet, dass es bleiben soll, und richtet die Völker recht. Der Himmel freue sich, und die Erde sei fröhlich; das Meer brause und was darinnen ist; das Feld sei fröhlich und alles, was darauf ist; und lasset rühmen alle Bäume im Walde vor dem Herrn; denn er kommt, denn er kommt, zu richten das Erdreich. Er wird den Erdboden richten mit Gerechtigkeit und die Völker mit seiner Wahrheit.«

Ja, wir haben es gehört. Gottes Wort ruft die ganze Erde auf, die Bäume im Walde und die Wolken und die Menschen und die außermenschliche Kreatur. Bringet her dem Herrn die Ehre seines Namens.

Welch ein Name! Welch eine Rufweite! Vom Himmel angefangen bis in die Tiefe des Meeres.

3. Welch ein Widerspruch!

Wer fehlt bei diesem Ehren des Namens, beim Rühmen Gottes? Wenigstens in überwältigender Mehrheit? – Der Mensch! Die Bäume predigen die Ehre Gottes, die Fische, der Sturm, der Abendsonnenuntergang, die Sterne am Himmel, die duftende Heide – aber der Mensch fehlt!

Dabei sagt Psalm 8: »Du hast den Menschen wenig niedriger gemacht denn Gott, und mit Ehre und Schmuck hast du ihn gekrönt.« – Weißt du, dass der Mensch die Krone der Schöpfung ist nach Gottes Willen? Das zeigt sich nicht nur im aufrechten Gang, der gehört wohl auch dazu. Aber er allein ist geistbegabt. Auch die Tiere haben Seele, aber Geist hat nur der Mensch. Er kann über sich selber nachdenken, unendlich nachdenken, er kann nach vorn denken, prophetisch, und nach rückwärts denken, geschichtlich. Er allein kann geschichtlich und verantwortlich denken. Er kann das Antlitz der Erde verändern mit Kunst und Technik und Macht. Und doch, das Gott nächste Wesen der Schöpfung versagt dem lebendigen Gott auf der ganzen Linie die Ehre. Und er sollte doch das Ebenbild Gottes, das Spiegelbild Gottes sein, der Rückstrahler Gottes. Aber sieh auf den ersten Blättern der Bibel nach: Aus dem Spiegelbild Gottes wurde das Zerrbild. Ich kann mich noch deutlich erinnern, wie ich als kleiner Junge an der Hand meines Vaters über die Kluser Straße ging und zum ersten Mal in meinem Leben einen

Betrunkenen sah. Der erste Weltkrieg war gerade vorbei, da gab es wohl wieder eher etwas. Dieser Mann torkelte hin und her, und ich fragte meinen Vater: Papa, was ist das? Ein Betrunkener, sagte mein Vater. Das war schrecklich für mich, als ich das zum ersten Mal sah. So ist der Mensch ein Zerrbild Gottes.

Aber wir brauchen gar nicht an so besonders ausgeprägte Dinge zu denken, obwohl ich auch in dieser Hinsicht tragische Dinge erzählen könnte, die passieren in unserem Leben, in unserer Stadt und im ganzen Land. Aber wir wollen bei uns selber bleiben. Was sagt Gottes Wort? »Es ist das Herz ein trotzig und verzagtes Ding.« Wir sind Geschöpfe Gottes, aber wir leben nur von der Geduld Gottes. Wenn er seine Hand abzieht, sterbe ich. Gebe ich Gott die Ehre? Jeder Augenblick, der nicht gelebt wird unter den Augen Gottes, ist Entehrung Gottes. Jedes Wort, was ich nicht sage aus der Verantwortung vor Gott, ist Entehrung Gottes. Jedes Verschweigen des Namens Gottes aus Menschenfurcht, um geschäftlicher und gesellschaftlicher Vorteile willen, ist Entehrung Gottes. Oh, wenn wir anfangen, in das durchdringende Licht Gottes zu treten, müssen wir sagen: Wir gehören zu denen, die Gott die Ehre versagen.

Welch ein Widerspruch! Die Krone der Schöpfung ist am allerwenigsten beteiligt an der Ehre Gottes. Sie versagt ihm die Ehre. Wir Menschen sollten Konturen Gottes sein, und wie viele Menschen leben und sind doch Karikaturen der Ebenbildlichkeit Gottes.

4. Welch ein Auftrag!

Ich habe von uns zuletzt gesprochen aus der menschlichen Sicht. Aber wenn wir unter die Gewalt Jesu gekommen sind und sein Heil für uns angenommen haben, dann wissen wir, dass Gott uns nicht mehr sieht, wie wir selber sind und wie wir uns sehen. Wir sind nun eingehüllt in den Königsmantel seiner Gerechtigkeit.

»Christi Blut und Gerechtigkeit, das ist mein Schmuck und Ehrenkleid.«

Darin darf ich mich hüllen vor Gott.

Und nun ist diese kleine Schar, diese Minderheit, die im Angesicht Jesu kapituliert hat für sich selber und die ihn angenommen hat als Heiland und Herrn, die im Namen Jesu Gott als ihren Vater erkannt hat, diese kleine Minderheit in der Schöpfung ist berufen, in einer Welt, die dem Herrn im Großen die Ehre versagt, die Ehre Gottes ganz groß zu machen.

Wir waren im vergangenen Herbst mit einer Freizeit in Äschi im Berner Oberland. Da haben die Marienschwestern aus Darmstadt in Äschi-Ried eine kleine Lob- und Dank-Kapelle errichtet, mitten in diesem schönen Flecken Erde. In der Werbeschrift für diese Kapelle heißt es, dass die Schwestern sich gedrungen fühlten, mitten in der Schönheit des Berner Oberlandes diese Kapelle zu errichten, damit die Menschen in der Schönheit des Landes nicht vergessen, Gott dem Schöpfer die Ehre zu geben. Und so soll in dieser Lob- und Dank-Kapelle stellvertretend für die vielen, die, ohne Gott zu ehren, durch die schöne Schöpfung gehen, eine kleine Schar von Betern und Sängern Gott die Ehre geben.

Hast du gehört, welchen Auftrag wir haben als Minderheit? Vielleicht bist du auch ganz allein unter zehn Kollegen, in einer großen Familie oder wo es sonst sei. Dem Herrn die Ehre zu geben, wo man sie ihm sonst versagt, dazu sind wir gerufen.

Herr, unser Herrscher, wie herrlich ist dein Name in allen Landen! – Man kann es auch so sagen: Verherrlicht werde dein Name durch uns so weit wie möglich!

Ja, die Bibel und Gott selber ist raumhungrig. Gott hungert nach weiterem Boden, wo ihm die Ehre gegeben wird, nach weiteren Menschen, die ihm die Ehre geben. Unser Gott hat Heimweh, dass noch andere vor ihm die Knie beugen, die ihm noch die Ehre versagen. Er will uns dazu gebrauchen, dass durch uns der Name Gottes hoch verherrlicht werde. Wir haben vor einigen Wochen im Jugendgottesdienst das Wort gehört:

»Darum fleißigen wir uns auch, wir sind daheim oder wallen, dass wir ihm wohl gefallen.«

Das ist so eine Art, Gott die Ehre zu geben. Das geschieht auch durch Musik und Wort und Singen. Aber das Lob der durch Arbeit schmutzigen Hände, der helfenden Hände und Füße im Dienst der Mitmenschen ist vor Gott genau so ein Ehren wie das Lob der Orgeln und Pfeifen. In einer Welt, die skeptisch geworden ist gegen alle frommen Sprüche, ist dieses Lob Gottes vordringlich geworden im alltäglichen Gespräch, im Büro, in der Fabrik, in der Schule; jedes mitmenschliche Gespräch sollte dazu dienen, dass der Name des Herrn geehrt wird, und dann sollte ich mit meinen Händen und Füßen dieses Lob Gottes unterstreichen, Gott loben im schlichten Tun der Hände und Füße. Darauf kommt es an!

Herr, unser Herrscher, wie herrlich ist dein Name in allen Landen! Das weitet den Blick der Werbung für die Ehre Gottes, für die Bezeugung der Ehre Gottes. Um die Ehre Gottes muss es uns gehen auf unseren Wegen, zu Hause, in Stadt und Land, bis an die Enden der Erde. Betest du auch für unsere Missionare?: Missionar Berghäuser, der in Heimaturlaub ist, Dr. Hueck, Pastor Schreiner, für Familie Theis in Bethlehem, für Schwester Christa Zehbe in der Aussätzigenpflege bei Jerusalem, auch für die jungen Brüder und Schwestern in der Ausbildung für Diakonie, Mission und Theologie?

Herr, unser Herrscher, verherrlicht werde dein Name durch uns bis an die Enden der Erde!

Wir sind gerufen, eine schöpferische offensive Minderheit, eine Minderheit ja! – aber im Namen des Herrn Jesu dürfen wir das Zeichen aufrichten: Ihm allein die Ehre! Jesus ist Sieger! Dazu brauchen wir kein Abitur und keine Meisterprüfung und kein großes Bankkonto. Dazu gehört nur ein Herz, das gefüllt ist von seiner Liebe. Halte es auf. Halte die leeren Hände auf! Und dazu gehört ein Herz, das gehorsam ist und das sich von Gott in erfinderischer Liebe Gelegenheiten schenken lässt, um Kerzen für den Herrn anzuzünden in dieser Welt, dass das Jahr 1963 mehr Anbeter an unserer Seite findet, dass das Jahr 1963 einen Zuwachs von durch Jesus Geretteten findet, dass 1963 ein Jahr wachsender Dankbarkeit werde.

Denn sein ist die Erde, und wir haben vorhin aus dem Munde der Mädels gehört: Wenn Jesus wiederkommt, wird die ganze erneuerte Welt zu seiner Ehre da sein. Wir dürfen die Vorhut sein, die Vorausabteilung des wiederkommenden Herrn, wahrhaftig, so ist es, dass dem Herrn schon hier die Ehre gegeben wird unter den Menschen, dem König, dem einmal alle Welt die Ehre geben muss. Wir dürfen es hier freiwillig tun. Das ist die Würde der Kinder Gottes.

Herr, du hast deinen Namen
so herrlich in der Welt gemacht,
denn als die Schwachen kamen,
hast du gar bald an sie gedacht.

Du hast mir Gnad' erzeiget,
nun, wie vergelt' ich's dir?
Ach, bleibe mir geneiget,
so will ich für und für

den Kelch des Heils erheben
(damit viele Menschen es sehen!)
und preisen weit und breit
dich hier, mein Gott, im Leben
und dort in Ewigkeit!

Amen.

Jauchzet dem Herrn alle Welt!

Jugendgottesdienst am 5. Mai 1963

Predigttext: *Psalm 100,1*

Meine Lieben!

Wir waren in der vergangenen Woche zur Messe-Evangelisation in Hannover. Wer von uns die Hannoversche Messe schon einmal besucht hat in früheren Jahren oder in diesem Jahre, der weiß, dass die ganze Stadt im Zeichen dieser Industrie-Messe steht, und es ist schon etwas Empfehlenswertes, diese größte Industriemesse der Welt zu besuchen und zu besichtigen. Dort war nun an den Abenden in der Marktkirche, der größten Kirche Hannovers, Evangelisation. Diese Evangelisation ist von Bischof Lilje angeregt worden. Er hielt auch selbst die ersten Abende, dann hielt Dr. Bergmann ein paar Abende und dann ich ein paar Abende. Die Sache wird getragen von der Evangelischen Allianz Hannover, das Gesamtthema hieß: Entspannung und neue Kraft. Jeder Messebesucher, jeder Kaufmann und jeder Techniker, bekam mit den übrigen Drucksachen zusammen eine Einladung zu diesen Evangelisationen, und in der Marktkirche wurde das Mittelschiff extra freigehalten für die Messebesucher, damit sie, auch wenn sie spät kamen, noch einen rechten Platz bekommen sollten.

Die Marktkirche mit rund 1500 Plätzen war fast immer voll, manchmal bis auf wenige Plätze, manchmal auch ganz besetzt.

Am Freitagabend kam nach der Evangelisation in der Kirche ein Herr auf mich zu, zwei Kopf länger als ich, der sagte: Ich muss Ihnen etwas sagen. Ich bin jetzt 40 Jahre nicht mehr in der Kirche gewesen. Hier bin ich jetzt zum ersten Mal seit 40 Jahren wieder einmal in der Kirche. Wissen Sie, ich habe doch den Eindruck gewonnen: Hier steckt Realität dahinter. Wir kamen noch in ein längeres Gespräch, er war ein Firmenpräsident aus Süddeutschland mit dreifachem Doktor, also nicht ein geistig beschnittener Mensch; einer, der nach 40 Jahren wieder einmal in ein Gotteshaus kommt und sagt: Ich habe den Eindruck, es steckt doch Realität dahinter.

Meine Brüder und Schwestern, ist da noch Realität, noch Wirklichkeit dahinter, wenn wir sagen und hören:

1. Jauchzet dem Herrn alle Welt!?

So heißt doch der Predigttext. So sind wir doch angerufen worden von der Schriftlesung her. Jubilate deo! *Jauchzet Gott alle Lande!* Nach diesem Psalm 66 ist ja dieser Sonntag genannt: Jubilate!

Kennen wir das noch in der Christenheit, in der Kirche, in unseren Kreisen in Deutschland? Jauchzet dem Herrn! Hier heißt es nicht: Singet oder lobet, sondern: Jubelt! Ich habe gestern in einem Sprachbuch nachgelesen: Jauchzen, das kommt von dem Althochdeutschen »juchzen«.

Der Ausruf »Juchhe« kommt ja daher. Das ist ein Urlaut der überfließenden Freude. Kennen wir dies noch, oder sind unsere Gottesdienste und Gemeindeveranstaltungen so wohl temperiert geworden, dass es über ein bestimmtes Maß, über einen ganz bestimmten Strich, sagen wir von 35 Grad Celsius, nicht hinauskommt? Kommt noch etwas zum Kochen von Gott her? Von Apollos heißt es in der Apostelgeschichte: Er war siedend im Geist. Wir kommen immer sofort mit der Feuerwehrspritze: Vorsicht, Schwärmerei! In unserer Christenheit in Deutschland gibt es zwar auch Schwärmerei, aber die Gefahr der Schwärmerei ist bei uns nicht so groß wie die Gefahr der Verholzung und Abkühlung. Wenn wir doch mal wieder einen fänden, der vom Heiligen Geist erfüllt ist bis zum Jubeln. Wie heißt es in dem modernen Schauspiel? Da sagt ein junger Stenz, zwischendurch fährt es ihm heraus: »Wenn ich doch noch einmal mit warmem Herzen Halleluja sagen könnte!« Können wir uns nur noch auf dem Sportplatz begeistern, wenn die deutsche Fußball-Elf gegen Brasilien spielt? Können wir uns nur noch begeistern, wenn einer im Toto 400 000 Mark gewonnen hat und abends eine Runde gibt? Können wir uns nur noch begeistern an Essen und Trinken?

Das ist eine Frage an uns, die Frage nach dem Jubel über den Herrn, den König aller Könige.

Jauchzet dem Herrn alle Welt! Jubilate Deo. Das ist der Urlaut echter Betroffenheit, einer überfließenden Freude. Jauchzet! Jubelt! Ich habe in der Konkordanz nachgesehen. Rund 50-mal kommt das Wort in der Bibel vor im Zusammenhang mit dem Lob der großen Taten Gottes. Und unsere Väter haben sich schon was dabei gedacht, dass sie einen Sonntag diesem Thema »Jubilate« gewidmet haben.

Das war das Erste, dass wir uns einfach damit befasst haben, was das heißt, dieser Urlaut der überfließenden Freude: Jauchzet! Juchhe!

2. Jauchzet dem Herrn!

Es gibt ja auch Menschen, die uns begeistern können, es gibt Dinge, die uns begeistern können. Als wir am Freitag einen Gang durch die Messe machten und so manches sahen, da konnte man schon tiefen Respekt bekommen vor der Leistung des Menschen. Da sah man Kräne und Maschinen, oder auch feinste Präzisionsarbeit, Verarbeitung von Brillanten, Keramik, oder aus der Uhrenindustrie. Wir sahen zum Beispiel die neueste Art von Armbanduhren, deren Uhrwerk durch eine kleine Batterie gespeist wird. Die braucht man gar nicht mehr aufzuziehen, da wird einfach jährlich die Batterie erneuert, und dann läuft die Uhr ein ganzes Jahr.

Aber hier heißt es: Jauchzet dem Herrn. Wer ist dieser Herr? Er ist der Schöpfer aller Dinge. Muss ich das noch erklären, während wir im Mai leben? Hast du nicht die Maienluft gerochen heute Morgen? Spürst du das, wenn du aus dem Hause kommst, diese Morgenluft? Siehst du den wachsenden Blütenteppich? In Hagen gibt es schon viel mehr blühende Bäume. Aber das wird auch hier in den nächsten Tagen losgehen, und Himmelfahrt wird es eine Blütenpracht sein. Man kann den Dichter schon verstehen:

Wie herrlich leuchtet
Mir die Natur!
Wie glänzt die Sonne!
Wie lacht die Flur!

Es dringen Blüten
Aus jedem Zweig
Und tausend Stimmen
Aus dem Gesträuch,

Und Freud und Wonne
Aus jeder Brust.
O Erd, o Sonne!
O Glück, o Lust!

O Lieb, o Liebe,
So golden schön,
Wie Morgenwolken
Auf jenen Höhn.

Du darfst das vielleicht schon zum 20. Mal, zum 30. Mal oder zum 60. Mal, wie alt du auch bist, erleben, du darfst noch einmal staunen und danken und jubeln. Jauchzet dem Herrn, jauchzet über die Wunder der Schöpfung, den Schöpfer aller Dinge.

Ich habe nur das eine genannt, die Blütenpracht des Frühlings, den Duft, die Bewegung draußen in der Natur. Aber darin erschöpft sich nicht der Jubel der heiligen Schrift, das Jubilieren der jubelnden Gemeinde, dass sie dem Schöpfer aller Dinge ihr Lob bringt, obwohl wir das auch wieder ganz neu lernen dürfen. Aber bei Licht besehen, ist auch die Schönheit der Schöpfung nur ein vorübergehendes Aufgehen von Blüten und Duft, es wird wieder Sommer werden und Herbst und Winter, und es wird wieder kalt und kahl werden. Darum hat jemand gesagt: Die Schöpfung ist eine Braut im

Witwenschleier. Eine Braut – voller Erwartung – wie ja wohl auch jeder etwas von dieser Spannung und Erwartung verspürt, wenn es wieder Mai und Frühling wird. Und trotzdem werden wir dadurch nicht erlöst. Eine Braut im Witwenschleier, das ist die Schöpfung dieser Welt. Oder wie es auf Rilkes Grab steht:

Rose, oh reiner Widerspruch, Lust,
Niemandes Schlaf zu sein
unter soviel Lidern.

Das bedeutet: Wenn man vom Anblick und vom Duft der Rose angelockt wird, dann erwartet man noch viel mehr als man von außen an der Blüte gesehen hat, und dann ist man enttäuscht, wenn man in den Kelch hineinsieht, enttäuscht, dass man nicht noch mehr darin entdeckt.

In diesem Bild sieht Rilke das Bild der Schöpfung und der Welt mit all ihrer Schönheit und ihren Träumen von Schönheit, mit all ihrem Fühlen und ihrem Erleben. Da ist viel Schönes und viel Tiefes, aber es reicht nicht hin, wenn wir nah hinsehen, bleiben wir trotzdem Hungernde. Diese Welt hält nicht, was sie verspricht. Diese Welt kann keinen erlösen. »Lust, niemandes Schlaf zu sein« – ich kann nicht darin ruhen. Darum sagt der Dichter:

Ich fühl's, du bist's, dich muss ich haben,
ich fühl's, ich muss für dich nur sein;
nicht im Geschöpf, nicht in den Gaben,
mein Ruhplatz ist in dir allein.

Warum? Weil wir als Menschen geschaffen sind, damit wir Gemeinschaft haben mit dem ewigen Du, mit dem Herrn, der Mensch wurde aus Liebe zu uns und der unsere Geheimnisse bloßgelegt hat am Kreuz auf Golgatha, das Geheimnis unserer Sünde und das Geheimnis seiner Liebe. An Weihnachten und am Kreuz auf Golgatha ist das Herz Gottes bloßgelegt worden für uns Sünder.

An diesem Herzen kann ich ruhen, und darum gilt der Lobgesang und das Jubeln der Gemeinde Jesu nicht nur dem Schöpfer aller

Dinge, sondern auch dem Heiland aller Menschen. Er ist der Heiland aller Menschen, auch derer, die es nicht wahrhaben wollen und nicht wissen. Es ist schon so: Wenn jemand diese Botschaft gehört hat und nicht annimmt, geht er verloren. Aber Jesus ist nicht nur für die Frommen gestorben – Gott war in Christo und erlöste die Welt, alle Menschen. Er ist der Heiland aller Menschen, sonderlich der Gläubigen. Wer das erfasst hat, der möchte singen:

»O dass ich tausend Zungen hätte
(Der Dichter wünscht sich nicht nur eine Zunge;
tausend Zungen!)
und einen tausendfachen Mund,
so stimmt ich damit um die Wette
aus allertiefstem Herzensgrund
(Er spricht dauernd in Superlativen!)
ein Loblied nach dem andern an
von dem, was Gott an mir getan.«

Und dann ruft er sie alle auf, die ganze Natur, als Zeugen: »Ihr grünen Blätter in den Wäldern, bewegt und regt euch doch mit mir ...« Und alles, was da ist, soll mit loben!

Und in einem anderen Liede heißt es:

Ich hatte nichts als Zorn verdienet
und soll bei Gott in Gnaden sein.
Gott hat mich mit sich selbst versühnet
und macht durch's Blut des Sohns mich rein.

Hörst du, das Jubilieren der Erlösten ist noch größer als das Jubilieren der Schöpfungsliebhaber. Das Jubilieren über den Schöpfer wird noch überhöht von dem Jubel über den Erlöser, unseren Herrn Jesus Christus.

Was nützt es, wenn ich durch den schönsten Gottesgarten ginge und wäre doch nicht ein Anwärter des Paradieses, wenn ich in den schönsten Räumen lebte, und mein Herz wäre nicht ruhig in der Erlösertat Gottes.

»Nicht im Geschöpf, nicht in den Gaben; mein Ruhplatz ist in dir allein.«

3. Jauchzet dem Herrn alle Welt!

Der Psalmist gibt sich nicht damit zufrieden, dass irgendwo in einem Dom dem Herrn das *Jubilate deo* erklingt, oder in einem Gebetskreis ihm Lob gebracht wird. Das ist alles schön und wichtig. Aber der Herr will, dass wir das Fenster unseres Kämmerleins aufstoßen, dass aus der Einsamkeit mit Gott das ansteckende Zeugnis kommt, ansteckendes Jubilieren. Er möchte sie reizen, dass sie auch kommen und loben, dass sie auch frei werden, auch danken. *Jubilate deo* alle Welt. Seht, darin ist ein Imperativ, ein Auftrag Gottes. Wenn erst mal deine Umgebung durch dich anfängt, stutzig und aufmerksam zu werden, dann ist schon etwas gewonnen.

Denn wir dürfen Ansänger werden, Ansänger Gottes, die nicht nur Gott ansingen mit ihrem Lob, sondern die im Namen Jesu auch Menschen ansingen. Ansingen, damit ist Folgendes gemeint: Man sitzt am Klavier, der Fuß ist auf dem Pedal, man sagt irgendetwas oder singt einen Ton, auf einmal kommt es aus dem Klavier zurück, die bestimmte Klaviersaite nimmt den Ton auf, oder eine Laute an der Wand gibt den Ton zurück. Das ist das Geheimnis der Übertragung. So dürfen wir Menschen sein, die, wenn es Gott schenkt, mit ihrem Loben und Danken und mit ihrem Jubel in anderen das Lob Gottes wachrufen. Er will uns gebrauchen, dass wir die anderen anstecken, dass sie auch anfangen zu singen und zu danken und dass sie über dem Gehörten das Vertrauen zu ihm gewinnen, dass sie zum Schöpfer aller Dinge und zum Heiland aller Menschen aus Herzensgrund du sagen dürfen und mit ihrer Last und ihrer Lust zu diesem Herrn kommen und dass sie erkennen: Der Lohn seiner Schmerzen besteht darin, dass ich ihm das Lob bringe mit Herzen, Mund und Händen.

Ich habe mir sagen lassen von den so genannten Tonabnehmern in den Glockengießereien: Wenn sie den Ton einer Glocke prüfen wollen, dann singt der Tonabnehmer diesen Ton, und dann summt die Glocke mit, ohne dass sie angeschlagen wird. Das ist das Geheimnis des Ansingens. Wie Recht hat doch der Dichter:

Es ist in jedem Ding ein Klang,
wie in der Kirchenglocke,
und wartet auf den Glöckner bang,
dass er den Ton entlocke.
Herr, gib uns Glöckner, die verstehn,
die Glocken recht zu schwingen.

Seht, auch die anderen haben doch nur ein Leben auf dieser Erde, und sie sollen doch nicht an unserer Seite hoffnungslos und vergebungslos weitertrotten.

Und darum sind wir Boten des Jubels und dürfen mit dem Lied der Verherrlichung Gottes, mit dem Lied der Befreiung, mit dem Vertrauensjubel der Erlösten unsere Umgebung erfüllen, nicht nur im Chor – Gott sei Dank, dass es das auch gibt: Chor und Orgel und Instrumente! – aber wir sollen auch den Jubel ertönen lassen in der Welt der Mitmenschen, auch durch den Dienst der Hände und Füße und der Augen und Ohren, denn auch wie einer mit seinen Augen sieht und mit seinen Ohren hört, kann deutlich werden, dass er Gott verherrlichen will. Es gibt auch den Jubellaut der werktätigen Liebe:

»Was will ich? – Ich will dem Herrn danken an den Menschen und den Jubel über seine Größe und Liebe weitertragen zu den anderen Menschen hin, dass sie angesteckt werden.«

Schlatter hat gesagt: »Wer auch nur eines Menschen Herz bewogen hat, Gott zu danken, hat nicht umsonst gelebt.«

Gehören wir zu dieser Schar, die das *Jubilate deo* jauchzt, die das »Jauchzet dem Herrn alle Welt!« neu hört und nun aufnimmt und für den Rest unseres Lebens wirklich auslebt?

Amen.

Eine Bereitschaft – eine Begegnung – ein Bekenntnis

Jugendgottesdienst am 2. Februar 1964

Predigttext: *Lukas 2,22-32*

Meine Lieben!

Seit Weihnachten sind jetzt etwa sieben Wochen vergangen. Das, was in unserer Geschichte geschehen ist, lag auch einige Wochen nach der Geburt Jesu, denn da ging die Mutter mit Josef, ihrem Ehemann, mit dem Jesuskind zum ersten Mal hinauf zum Tempel, um das Kind nach dem Gesetz im Volke Israel dem Herrn darzustellen. Aus diesem verlesenen Text, aus diesem Geschichtszusammenhang, möchte ich drei Schwerpunkte herausgreifen:

1. Eine Bereitschaft
2. Eine Begegnung
3. Ein Bekenntnis.

1. Eine Bereitschaft

Es war eine Ordnung Gottes im Volke Israel, dass jeder erstgeborene Sohn einer Familie in besonderer Weise im Tempel dem Herrn dargebracht werden sollte, verbunden mit einem Opfer. Für dieses Opfer wurden ein paar Tiere gegeben. Das kostete 20 Mark. Für diese 20 Mark musste Josef vierzig Tage lang arbeiten. So viel verdiente man damals: 50 Pfennig pro Tag. Die Menschen legten schon etwas hinein für ihre Frömmigkeit. Die investierten schon etwas an Fleiß und Wagnis. Und so mussten Josef und Maria von Nazareth bis Jerusalem wandern, das waren sechs Tagereisen durch bergiges Gelände, nicht mit der Bahn oder dem Omnibus, sondern mit dem Eselskarren. So kamen sie zum Tempel, kauften die Opfertiere, die geschlachtet wurden, und brachten im Weihegebet den erstgeborenen Sohn dem Herrn dar. Eine Bereitschaft! Den erstgeborenen Sohn brachten sie, in diesem Falle war das das Jesuskind. Aber diese Darbringung des erstgeborenen Sohnes war gewissermaßen nur ein *pars pro toto*, das heißt, es war nur eine gleichnishafte Handlung im Tempel für alle Kinder einer Familie, denn alle Kinder sollten dem Herrn dargebracht werden, vor der Geburt, bei der Geburt, bei der Taufe und immer wieder neu in Fürbitte und Liebe. Dazu hält uns Gottes Wort an: »Weist meine Kinder und das Werk meiner Hände zu mir!«, heißt es im Propheten Jesaja. Das gilt für alle Eltern und Jugendleiter und Erzieher und alle verantwortlichen Erwachsenen, dass sie die jungen Menschen ihres Einflussgebietes in Fürbitte und Zucht und Vermahnung zum Herrn als ihrer letzten Bestimmung hinreifen lassen. Die letzte Bestimmung, das ist ja nicht, dass einer Werkzeugschlosser oder Philologe oder Werkmeister, Techniker oder Kaufmann wird, so wichtig auch diese vorläufigen Aufgaben sind. Die letzte Bestimmung meines Lebens ist nach Gottes Wort, dass wir berufen sind zur Gotteskindschaft, dass wir etwas werden zum Lobe seines herrlichen Namens. Professor von Weizsäcker sagt das von der Sicht des Arztes. Er sagt, die Aufgabe des Arztes sei es, dem Patienten auf dem Wege zu seiner letzten Bestimmung behilflich zu sein. Wenn wir das praktisch in diese Situation übertragen, dann heißt das hier: Es ist Aufgabe der Eltern und aller verantwortlichen Menschen, die Einfluss auf junge Menschen haben, dass sie den ihnen anvertrauten jungen Menschen auf dem Wege zu ihrer letzten Bestimmung eine Hilfe sind, das heißt auf dem Weg dazu, dass sie wahrhaft Kinder Gottes und Segensträger Gottes werden, das heißt »auf dass wir etwas werden zum Lobe seines herrlichen Namens«.

Hierbei muss die intentionale und die funktionale Erziehung Hand in Hand gehen. Intentionale Erziehung, das heißt die beabsichtigte, die gewollte Erziehung, das heißt also etwa, dass ich dem jungen Menschen die Gebote nahe bringe, dass ich ihm das Wort Gottes lieb zu machen versuche. Aber dazu gehört auch die funktionale Erziehung, das Geschehen in meinem Leben als Erzieher, als Vater, als Meister. Dieses Geschehen muss der intentionalen Erziehung entsprechen. Es genügt nicht, dass ich sage: Geh zum Gottesdienst, und ich bleibe selber zu Hause. Oder ich sage: Bete, und ich selber bete nicht. Die Intention und die Funktion, die Absicht und die Verwirklichung in meinem eigenen Leben müssen übereinstimmen. Denn das ist uns klar im Zeitalter der skeptischen Generation, dass die Bereitschaft, einfach etwas zu übernehmen, sehr angekratzt ist. Das merke ich, wenn ich Hausbesuche mache. Da merke ich etwas von einer rasanten Verweltlichung, von einer rasanten Entchristlichung des Familienlebens.

Darum ergeht die Frage an uns: Teilen wir die Bereitschaft der Eltern Jesu, dass wir die jungen Menschen in Zucht und Vermahnung über uns selber hinausweisen, hinlieben zu diesem Herrn, denn wir sind nicht ewig bei ihnen, sondern sie sollen in Ewigkeit mit diesem Herrn leben, aber hier schon in dieser Zeit. Wir können ihnen nicht immer nahe sein. Darum sollen wir sie der allertreuesten Fürsorge Jesu übergeben. Darum aber dürfen Eltern und andere Menschen, die mit dem Herrn rechnen, auch Fürbitte üben, dass sie immer wieder Gottes gute Hand über diese ihnen Anvertrauten herabbitten, dass sie sie hinschieben zum Herrn. »Weist meine Kinder und das Werk meiner Hände zu mir!« Denn indem wir ihnen Nestwärme schenken, ihnen eine Berufsausbildung ermöglichen und sie zu anständigen Bürgern erziehen, haben wir ihnen noch nicht das Wichtigste gegeben. Nach Gottes Forderung soll ich ihnen eine Hilfe zum Glauben, zur Kindschaft, zum Segensträger in der Nachfolge Christi werden. Wenn ein Vater und eine Mutter das versäumen, dann leben sie in Zielverfehlung in ihrer Pädagogik.

2. Eine Begegnung

Simeon – von ihm ist uns nur der Name bekannt und dass er wohl sehr alt war, weil er sagt, dass er nun in Frieden heimfahren könne.

Simeon heißt: der Erhörte. Vielleicht haben seine Eltern lange auf ein Kind gewartet. Das gibt es ja, dass Eltern jahrelang auf ein Kind warten und sich darauf freuen, und auf einmal, nach 10, 15 Jahren wird ihnen ein Kind geschenkt, werden sie erhört. Oder vielleicht war das Kind in Todesgefahr, vielleicht Mutter und Kind, und Gott hat erhört. Oder ist das Kind vielleicht unter einem besonderen Zuspruch Gottes gewesen? Simeon heißt jedenfalls »der Erhörte«. Weiter heißt es von ihm, dass er ein frommer und gottesfürchtiger Mensch war. Wenn Gottes Wort das von einem Menschen sagt, dann ist das wunderbar, dann ist das ein Adelstitel. Wenn die Bibel das sagt, wissen wir, was gemeint ist. Ein gottesfürchtiger Mensch – bei dem kann man sich geborgen fühlen, vor dem braucht man keine Angst zu haben, dem kann man sich anvertrauen bis in die Verschwiegenheiten. Der ist verlässlich, der ist aufmerksam.

Simeon war ein gottesfürchtiger Mensch. Er wartete auf den Trost Israels. Er kannte das Wort Gottes und wusste um die Verheißungen, dass einmal der Messias kommen würde. Wahrscheinlich wusste Simeon noch nichts von der Geburt Christi in Bethlehem. Er hatte sein Leben lang gewartet, dass Gott den Verheißenen schenken möge. Viele Menschen seiner Zeit waren längst säkularisiert, verweltlicht. Sie verrichteten noch die Dinge, die der Glaube von ihnen forderte, die das Gesetz vorschrieb. Aber im Übrigen ging das Leben am Worte Gottes vorbei.

Aber einige wenige warteten noch auf den Trost Israels, auf den von Gott verheißenen Gottessohn. Dazu gehörte Simeon. Von ihm ist uns also gesagt:

1. Sein Name – der Erhörte.
2. Er war gottesfürchtig.
3. Der Heilige Geist war in ihm.

Er war ein Mensch des Heiligen Geistes. Er lebte so intensiv unter der Leitung des Geistes Gottes, dass er bis in die alltäglichste Lebensgestaltung sich vom Heiligen Geist leiten ließ. Es genügt nicht, dass wir sagen: Ich glaube an den Heiligen Geist, sondern wir müssen und dürfen wahrhaftig damit rechnen, was Jesus uns verheißen hat: Ich werde euch den Heiligen Geist senden, der wird euch zur rechten Stunde an alles erinnern, was ich euch gesagt habe – so sagte er zu den Jüngern, die in die Situation des Verhörs und des Gefängnisses kommen sollten. Der Heilige Geist wird euch alles lehren, er wird euch in alle Wahrheit leiten. Das verheißt uns Jesus. Wir dürfen in dieser Welt der Tische und Bänke, der Begegnungen und Herausforderungen rechnen mit der Leitung des Heiligen Geistes, nicht so, als ob wir ihn verfügbar hätten, dass wir nur auf ein Knöpfchen zu drücken brauchten, um zu wissen, was wir tun sollen, sondern im Sinne einer stillen und gehorsamen Offenheit. Wie es in der Losung von heute heißt: Sei stille dem Herrn und warte auf ihn. Das ist unendlich schwer, nicht nur für aktive Menschen. Du musst Gott die Stunde überlassen, die Stunde der Begegnung, die Stunde irgendeines Neuanfangs, die Stunde, dass etwas reif ist. Nicht so, dass du die Hände in den Schoß legen sollst. Gott will keine Faulpelze. Aber doch darf ich wissen, es kommt alles darauf an, dass ich ganz unter der Führung Gottes bleibe und mich ihm anvertraue.

Solch ein Mensch war Simeon. Und dieser Geist Gottes hatte ihm die Gewissheit gegeben: Du stirbst nicht eher, als bis du Christus leibhaftig gesehen hast. Wie mag er durch die Straßen Jerusalems gegangen sein! Wenn er einen besonderen Menschen sah, wenn er einen Menschen mit einem besonderen Gesichtsausdruck traf, dann mag er doch gedacht haben: Das könnte ein Mensch sein, der mit Gott lebt, ob es wohl der Messias, der Sohn Gottes ist? Ob er wohl an ein Kind gedacht hat? Ich glaube es nicht. Er wird es sich so gedacht haben, dass er eines Tages eine Gestalt sehen würde und dann wüsste, dieser ist es. Aber er hatte die Gewissheit, dass er nicht sterben würde, ehe er Christus gesehen hatte. Und so kam er auch an diesem Tage aus Anregung des Geistes Gottes in den Tempel.

So gehorsam möchte ich sein. Man hat es ja schon erlebt, dass man hinterher spüren konnte: Da hat Gott sein Programm gehabt. Ich möchte es immer mehr lernen, diese innere Abhängigkeit vom Geiste Gottes. Es soll euch zur Stunde gegeben sein, was ihr sagen sollt, sagt Jesus zu denen, die in Gefahr und Gefängnis kommen. Das gilt nicht nur für die Gefängnissituation. Es gilt vielmehr, dass er, der verborgene Herr in uns, mit seinem Zuspruch bei uns sein will. Das gilt ja auch in der Fürbitte für andere Menschen, die ich nicht erreichen kann, weil sie 1000 Kilometer weiter wohnen. Für sie kann ich beten: Gib du diesem Menschen Weisung, was er tun soll und was er braucht. Das ist Fernwirkung über den Thron Gottes in das Leben anderer hinein. Anregung des Geistes! Dazu ein Beispiel:

Dr. Baedecker, der vor dem 1. Weltkrieg viel Evangelisation in Russland hielt, nahm in Ostpreußen an einer Kirchenkonferenz teil. Es war eine Evangelisation in Südrussland vorgesehen. Alles war vorbereitet, die Fahrkarte bereits gekauft, er sollte abends fahren. Plötzlich sagte Dr. Baedecker auf der Konferenz zu den Brüdern: Ich glaube, ich soll nicht fahren. Er ging in die Stille und betete darüber. Und dann trat er zu den Brüdern: Ich fahre nicht. Man verstand ihn nicht, man konnte es nicht glauben, dass er nicht zu der Evangelisation fahren wollte. Aber Dr. Baedecker sagte: Ich kann nicht fahren. Ich bin innerlich ganz klar gehemmt. Dann kommt plötzlich ein Telegramm: Bitte nicht nach dorthin kommen, es ist Revolution, Unruhen sind ausgebrochen. Das Telegramm wurde Dr. Baedecker überreicht. Da stand er auf, faltete seine Hände und sagte laut: »Vater, ich danke dir, dass ich dich auch ohne Telegramm verstanden habe«. Das war Geistesleitung ganz besonderer Art. Aber das kann auch mitten in den Linien unserer Aufgaben sich erfüllen, dass Gott mir etwas wichtig macht, zu meinem Gewissen spricht: Das soll ich anpacken, sagen oder schreiben. Ich danke dir, Vater, dass ich dich auch ohne Telegramm verstanden habe. Das war nur noch eine Bestätigung. Die geistliche Leitung hängt davon ab, dass wir in treuem Gebetsleben und im Umgang mit Gottes Wort und unter viel Gemeinschaft mit anderen Christen unter Gottes Wort leben. Das ist der geheime Telegrammverkehr mit dem Himmel.

Nun sieht Simeon das Kind. Hat es einen Heiligenschein? Nein! Aber er erkennt das Kind. Das ist wieder Geistesleitung. Der Heilige Geist schenkt die Korrespondenz, dass ich auch den anderen erkenne, der im Heiligen Geist lebt. Und so kann Simeon sagen: Dieses Kind ist ein Kind, in dem der Geist Gottes lebt, von dem schon im Alten Testament gesagt ist: »Auf ihm wird ruhen der Geist des Herrn.« Er erbittet das Kind von der Mutter: Darf ich es mal auf den Arm nehmen? Das ist Begegnung.

Gott sorgt dafür, dass diejenigen Menschen, die wir brauchen, zur rechten Zeit in unserem Leben erscheinen. Dies ist ein ganz wichtiger Satz. Nimm ihn mit in dein Herz. Er wird in deinem Leben sich bewahrheiten. Er stammt von einem alten Hausspruch. Wenn ich ein Wort als Wahrheit erkannt habe, dann diesen Satz. Das ist Begegnungsgnade. Nun gilt dies: Je gehorsamer, je ehrfürchtiger ich rechne mit der Leitung des Heiligen Geistes, desto mehr Erfahrungen darf ich machen, auch desto mehr Begegnungserfahrungen. Unsere Wege sind projektiert, vorausgezeichnet vom Vater aller Geister. Simeon – der Erhörte – ein gottesfürchtiger Mann, der Heilige Geist lebte in ihm, er war unter Geistesleitung. Dieser Mann ging aus Anregung des Geistes in den Tempel, er erkennt unter Geistesleitung dieses Kind, und er spricht nun ein Bekenntnis.

3. Ein Bekenntnis

Das Erste: Eine Bereitschaft. Weiset meine Kinder zu mir.

Das Zweite: Eine Begegnung. Begegnungsgnade unter der Führung des Heiligen Geistes.

Das Dritte: Ein Bekenntnis.

Was sagt Simeon, als er das Kind auf den Arm nimmt? Wie mögen die Eltern zugehört haben, Josef und Maria. Das war ja für sie auch eine neue Bestätigung. Merkt ihr, wenn Gott Begegnung schenkt, werden alle Beteiligten von Gottes Botschaft gestreift. Das ist für Simeon und für die Eltern bedeutsam. Wenn Gott Führung schenkt, setzt er einen ganzen Apparat in Bewegung und hat für jeden Menschen, der daran beteiligt ist, etwas zu sagen.

Herr, sagt Simeon – *despotes* – Herrscher, Allmächtiger, so ruft er ihn an. Es ist auch ihm wunderbar, wie Gott die Weichen stellt. Nun entlässt du deinen Diener in Frieden. – Bist du ein Diener

Gottes, in welchem Beruf und Stand du auch sein magst? Siehst du so Weg und Aufgabe in der Welt der praktischen Realien, dass alles ein Dienst Gottes sein darf? Weißt du, wie Bismarck sich bezeichnet hat? »Ich bin Gottes Soldat, und wo er mich hinschickt, dahin will ich gehen. Er wird mein Leben so zuschnitzen, wie er es braucht.«

»Herr, nun lässt du deinen Diener in Frieden fahren, wie du gesagt hast; denn meine Augen haben deinen Heiland gesehen.« Er sah ihn damals körperlich, mit den Augen. Bei uns darf das Wunder geschehen, dass wir Jesus mit dem Herzen sehen. Das ist die Wirkung des Heiligen Geistes. Glauben heißt, mit dem Herzen Jesus unter der Erleuchtung des Heiligen Geistes sehen. Wir sehen Jesus nicht optisch, fassbar, das wird einmal sein; aber mit den erleuchteten Augen des Herzens. Wir bitten darum: Herr, zeige dich mir in deinem Wort durch deinen Geist. Einmal werden wir ihn sehen, wie er ist, jetzt nur im Glauben, wie Gottes Wort sagt: Ihn anschauend im Spiegel des Wortes werden wir verwandelt von einer Klarheit zur anderen.

Was bedeutet es: »Meine Augen haben den Heiland gesehen«? Er ist der Raummacher, der mir Raum macht am Herzen Gottes und im Hause Gottes in der ewigen Heimat Gottes. Dort kann mir keiner Raum machen. Das kann nur Jesus durch sein Sterben und Auferstehen und Kommen. Er macht mir auch Raum zum Gebet, zum Vertrauen, zum Hoffen, so dass ich nicht mehr die Dinge, die ich vielleicht mit keinem Menschen besprechen kann, in mich hineinschlucken muss, sondern sie aussprechen darf vor meinem Vater im Himmel, sie ausschütten darf vor dem Herzen Gottes. Wie oft habe ich es in den letzten Tagen erlebt, dass mir Menschen sagten: Ich konnte es keinem sagen und habe es in mich hineingefressen und habe zu lange damit gewartet, und jetzt ist es mir in der Seele wund. Menschen, die den Raummacher Jesus als Heiland und Herrn kennen, die wissen, dass sie ihm alles sagen können, wie es im Worte Gottes ja auch heißt: »Schüttet euer Herz vor ihm aus.« Eine Bereitschaft – eine Begegnung – ein Bekenntnis.

Wer so lebt, der lebt wohl! – Wer so stirbt, der stirbt wohl!

Ach, gib an deinem kostbaren Heil
uns alle Tage vollkommnen Teil
und lass unsre Seele sich immer schicken,
aus Not und Liebe nach dir zu blicken
ohn Unterlass!

Amen.

Dass Jesus siegt, bleibt ewig ausgemacht!

Jugendgottesdienst am 5. April 1964

Predigttext: *1. Johannes 5,4–5*

Meine Lieben!

In diesem Monat wird die große Weltausstellung in New York eröffnet, am 22. April. Es soll die bisher größte Weltausstellung in der Geschichte der Weltausstellungen werden. Man rechnet mit einer Besucherzahl von 80 Millionen Menschen. Vier Millionen Eintrittskarten sind schon verkauft. Viele Reiseunternehmen haben Prospekte angeboten, wie man auch von Europa aus zur Weltausstellung verhältnismäßig billig fahren kann. Einzelne Dampfergesellschaften haben vorgesehen, dass ihre Passagiere auf dem Schiff verpflegt werden und jeweils mit Omnibussen in die Stadt zur Weltausstellung gefahren werden. Es soll eine ganz besondere Weltausstellung werden, auf der besondere Neuigkeiten gezeigt werden. Wie es in Brüssel das Atomium war, so wird es diesmal die große Unisphärenkugel sein. Ich habe ein Bild davon gesehen. Das ist eine Riesenkugel, so hoch wie ein 12-stöckiges Haus, und darauf ist eine Mondlandschaft dargestellt. Dieses Symbol wurde gewählt, weil wir ja im Zuge der Weltraumerforschung stehen. In Brüssel war es noch das Atomthema, darum das Atomium. In New York ist es der Vorstoß in den Weltraum, darum die Unisphärenkugel als Attraktion der Weltausstellung. Eine weitere Attraktion ist das, was die Vereinigten Elektrizitätsgesellschaften aufgestellt haben, nämlich ein gotischer Lichtturm, dessen Licht 400 km weit gesehen werden kann.

Der bekannte Evangelist Billy Graham hat auf dem Gelände der Weltausstellung ein Grundstück geschenkt bekommen, auf dem er einen Pavillon errichtet hat. In diesem Pavillon wird jeden Tag in acht Sprachen das Evangelium verkündigt, auch in literarischer Weise. Zwischendurch wird immer wieder ein Film gezeigt werden mit dem Titel »Der Mensch in der 5. Dimension«. Was ist damit gemeint? Wir wissen ja aus der Geometrie, dass wir drei Dimensionen eines Körpers bestimmen können: Länge, Breite, Höhe. Die 4. Dimension ist die Zeit. Darauf hat uns die moderne Philosophie aufmerksam gemacht, dass zur Beschreibung eines Körpers die 4. Dimension gehört. Auch ein Stein sieht am Morgen anders aus als am Abend und hat sich nach fünf Jahren verändert, auch wenn es äußerlich nicht besonders auffällt. Aber die 5. Dimension, das ist die Hinsicht zur Ewigkeit Gottes. Darum dieser Film: »Der Mensch in der 5. Dimension«, mitten zwischen den Monstren dieser Weltausstellung auf einmal ein Pavillon mit dem Titel: »Der Mensch in der 5. Dimension«. Denn, meine Lieben, mag das ganze Angebot noch so überwältigend sein, alle diese Dinge sind gezeichnet vom Gesetz der Vergänglichkeit. Wenn es aber einen gäbe, der dem Tode die Macht nimmt, das wäre ein anderes Thema, das alles übertrifft. Und darum habe ich diese Vorgeschichte erzählt, denn damit sind wir jetzt hier bei unserem Text.

Hier ist von Weltüberwindung die Rede. Mit Weltausstellungen überwinden wir noch nicht die Welt, sondern wir bleiben im Koordinatensystem dieser vergehenden Welt. Aber hier ist von Weltüberwindung die Rede. Und darum wollen wir es in drei kleinen Punkten so sagen:

Hier ist vom Sieg Jesu die Rede und von unserem Mitsieg an der Seite Jesu.

Jesus siegt, und wir mit ihm! Das ist das geheime Thema dieser beiden Verse. Das ist eine Aussage aus der 5. Dimension.

1. Jesus siegt – das ist eine Aussage des Perfektums, grammatisch gesehen. Das liegt nämlich schon zurück. Der Sieg Jesu liegt begründet in seinem heiligen Kreuz, in seiner Auferstehung und seiner Himmelfahrt.

Dass Jesus siegt, bleibt ewig ausgemacht,
sein wird die ganze Welt.
Denn alles ist nach seines Todes Nacht
in seine Hand gestellt.
Nachdem am Kreuz er ausgerungen,
hat er zum Thron sich aufgeschwungen.
Ja, Jesus siegt!

Das ist eine Aussage des Perfektums. Das liegt hinter uns. Das ist, als die Zeit erfüllet war, vor sich gegangen. Und es gab eine Stunde, da hat der Herr zu seinen elf Jüngern gesagt: »Mir ist gegeben alle Gewalt im Himmel und auf Erden.« – »Wir haben einen Herrn, durch welchen alle Dinge sind«, haben unsere Brüder eben gesungen. Wir haben es gehört im ersten Jugendgottesdienst dieses Jahres: Jesus ist der Urheber alles Geschaffenen, der Machthaber aller Dinge und das Ziel aller Dinge. Das ist eine Aussage des Perfektums. Er hat gesiegt, und darauf ruht unser Glaube. Er ist der Pantokrator, der Allherrscher, der Sieger.

2. Jesus siegt, und wir mit ihm – das ist eine Aussage des Futurums, der Verheißung.

Er wird einmal siegen! – Merkwürdig, einmal ist vom Sieg im Sinne des Perfektums die Rede, und dann heißt es wieder: Ich werde überwinden, etwa in 1. Korinther 15: »Er muss aber herrschen, bis dass er alle seine Feinde unter seine Füße lege. Der letzte Feind, der aufgehoben wird, ist der Tod.«

Zuletzt wird doch die Gnade siegen,
zuletzt wird doch der Hölle Macht
besiegt zu Jesu Füßen liegen,
der die Erlösung hat vollbracht.

Jesus siegt, und wir durch ihn. Das ist eine Aussage des Futurums. Das ist Verheißung, dass er der Endsieger ist. Das sind zunächst die beiden Aussagen: Er war Sieger, er hat gesiegt am Kreuz, am

Ostertag, bei seiner Himmelfahrt. Und er wird Sieger, wenn er wiederkommt. Aber nun ist hier noch etwas anderes gesagt. Hier ist nicht nur von dem Sieg im Sinne des Perfektums gesagt und nicht nur im Sinne des Futurs, er wird einmal siegen. Sondern alles, was von Gott geboren ist, überwindet die Welt, und »unser Glaube ist der Sieg, der die Welt überwunden hat«. Wer ist aber, der die Welt überwindet, wenn nicht, der da glaubt, dass Jesus Gottes Sohn ist?

3. Jesus siegt, und wir durch ihn – das ist eine Sache des Präsens, der Gegenwart.

Es ist eine Sache unseres Glaubens und Bekennens, dass Jesus bei uns Sieger ist. Jetzt müssen wir einmal genau hinhören.

Alles, was von Gott geboren ist, überwindet die Welt, nicht alles, was von Gott geschaffen ist. Das ist nämlich ein Unterschied. Geschöpfe Gottes sind wir alle. Von Gott geboren sind nur Menschen, die vom Heiligen Geist geboren, überführt und gerichtet sind. Das ist hier gemeint: Alles, was von Gott geboren ist durch den Heiligen Geist im Glauben, hat teil am Perfektum-Sieg und am Futurum-Sieg Jesu Christi. Der Glaube ist gleichsam die Gangschaltung, die den Motor mit dem Getriebe im Wagen in Verbindung bringt. Durch den Glauben komme ich in den Genuss des Sieges Jesu im ganz persönlichen Leben. Der Glaube ist die Schaltung. Was nützt es, wenn der Motor läuft im Wagen, und die Schaltung bringt ihn nicht mit dem Getriebe in Verbindung? So ist es unmöglich, dem Herrn ohne Glauben zu gefallen. Wer das meint, geht vorbei an der Siegesgnade Jesu. »Unser Glaube ist der Sieg, der die Welt überwunden hat«, sagt Luther. Im Urtext heißt es: »Der Sieg, der die Welt überwunden hat, ist unser Glaube, und wer ist, der die Welt überwindet, wenn nicht, der da glaubt, dass Jesus Christus Gottes Sohn sei?«

Jetzt haben wir gehört: die Tatsache, dass Jesus gesiegt hat, ist begründet in den drei großen entscheidenden Schlachten auf Golgatha, Ostern und Himmelfahrt. Der Sieg im Perfektum und der Sieg im Futurum schließt in sich den Fakultativ, dass wir nämlich auch hier in der Welt der Tische und Bänke ein Leben der Überwinderkraft leben können. Wer ist es, der die Welt überwindet, wenn nicht, der da glaubt, dass Jesus Christus Gottes Sohn sei?

Was ist gemeint mit dem Ausdruck: »der die Welt überwindet«? Die Bibel redet in mehrfacher Bedeutung von der Welt: Einmal die Welt als alles, was von Gott geschaffen ist, dann die Welt im geografischen Sinne: Gehet hin in alle Welt!, und zum Dritten aber auch qualitativ im Sinne von Weltgeist, als geheime oder offene Rebellion gegen den Willen Gottes. So meint es der Johannesbrief: »Alles, was in der Welt ist: des Fleisches Lust und der Augen Lust und hoffärtiges Leben, ist nicht vom Vater, sondern von der Welt.«

Damit will die Bibel nicht sagen: Alles in der Welt ist schlecht, aber die Weltgesinnung ist im Grunde verborgene oder offene Rebellion gegen Gottes Willen: Augenlust – das ist die fein verbrämte Begierde, Fleischeslust – das ist die derbe, primitive Lust, und hochmütiges Wesen – die Begierde, sich immer neu aufzuspielen, sich ins Gespräch zu bringen. Der Weltgeist ist nicht, wie Hegel gesagt hat, ein Spritzer vom Heiligen Geist, sondern der Weltgeist ist verborgene und offene Rebellion in ich-zentraler Genusssucht und im Hubschrauberdenken, dass ich mich immer erheben möchte auf Kosten des anderen. Und in dem Sinne ist es gemeint:

Was die Welt überwindet, das ist der Glaube, der der Sieg ist. Das heißt, dass ich die Weltgesinnung in mir und um mich herum überwinde. Wir sollen nicht ins Kloster gehen, denn die Weltluft verfolgt mich auch bis in die Klosterzelle. Der Weltgeist ist mir näher als meine eigene Haut. Aber das ist das Angebot des Evangeliums, dass der Glaube in den Genuss des vollbrachten Sieges Jesu kommt im Einzelfall der mitmenschlichen Beziehung. Jesus siegt, und wir durch ihn!

Ein Beispiel: Vor zwei Jahren hat in Brügge ein italienischer Evangelist gesprochen. Der war auch eine Zeit lang im Konzentrationslager in Deutschland gewesen und hat uns einmal im kleinen Kreis erzählt, was er da alles mitgemacht hat. Irgendein Blockleiter wusste, dass dieser Italiener ein bewusster Christ war. Der hat ihn einmal vor anderen Leuten ausgeprügelt und dabei gesungen: »Die Sach' ist dein, Herr Jesu Christ.« So quälte er den Gefangenen und verspottete ihn noch mit dem Lied. »Da kam in mir ein Hass auf unter den Schlägen dieses Mannes«, sagte der Italiener, »ein Hass sondergleichen, dass er sogar auch noch das Glaubenslied missbrauchte.

Aber dann auf einmal kam mir das Wort in den Sinn: ›Die Liebe Gottes ist ausgegossen in unser Herz durch den Heiligen Geist.‹ Und ich nahm im Glauben dieses Wort in Anspruch, und der Hass ging nach unten weg, er wich völlig, und ich konnte im Grunde nur noch Erbarmen mit diesem mich quälenden Menschen haben.«

Das war Überwindung der Welt, der Umwelt – denn das war ja schon Wahnsinn! – aber das war Überwindung in der Kraft des Glaubens durch den Sieg Jesu. Und als der Krieg zu Ende war, hat sich dieser italienische Christ erkundigt, ob dieser Blockleiter noch lebte, und er hat ihn dann aufgesucht und ihm eine Torte mitgebracht, und sie haben zusammen eine Kaffeestunde gehabt, und er hat ihm die volle Vergebung angeboten. Da wird an einer kleinen Stelle der Wahnsinn der Welt überwunden in der Liebe Jesu. Der Evangelist sagte: Unter den Stockschlägen war in mir nur Hass, aber auf einmal durfte ich die Liebe Gottes in Anspruch nehmen, die ausgeschüttet ist in unsere Herzen. Ich brauchte nicht aus dem Eigenen zu leben, ich durfte es für mich persönlich wahr sein lassen.

Wer ist es, der die Welt überwindet, den Weltgeist des Genießerischen und Angeberischen, des Ich-Zentralen? Wer kann in den Herausforderungen der Welt stehen in der Liebe Jesu? Das kann der, der da glaubt, dass Jesus Gottes Sohn sei. Glaubst du auch, dass Jesus Gottes Sohn ist, mein Bruder und meine Schwester? Oder ist er nur das große, edle Beispiel, der edle Menschheitslehrer, der edle Märtyrer, der edle Moralphilosoph im Walhalla der Geistesgeschichte? Oder ist er dir der ganz Andere, der Sohn des lebendigen Gottes? Darauf kommt alles an. Darauf wartet Gott, auf dein Bekenntnis zu Jesus als dem Sohn Gottes, nicht im Sinne einer Vernunftaussage: Ja, ich glaube das, sondern im Sinne des herzlichen

Vertrauens: Jesus, du Sohn des lebendigen Gottes, der du der Sieger von gestern bist und von morgen und der du jetzt Sieger sein willst, jetzt bei mir, auf dich vertraue ich!

Von daher können wir sagen: Der Glaube setzt mich in den Stand, teilzuhaben an der Siegesgnade, die Jesus bereithält, mit ihm überwinde ich die kleinen Ärgerlichkeiten des Alltags, so dass ich lerne, auch den kleinen Schwierigkeiten des Alltags von oben her zu begegnen, aus der Kraft, aus dem Rechnen mit Jesus. Da darf ich es lernen, den Herausforderungen zu begegnen in der Kraft seines Sieges, denn er ist ja da, damit ihr »wachset in der Erkenntnis Gottes und gestärkt werdet mit aller Kraft nach seiner herrlichen Macht«.

Im Grunde ist das, was der Herr uns anbietet, im Sieg im Alltag ein Stück von derselben Siegesgnade, die ihn auferweckt hat von den Toten. So wünscht sich der Apostel in Epheser 1,19, wir möchten erkennen, »welche da sei die überschwängliche Größe seiner Kraft an uns, die wir glauben nach der Wirkung seiner mächtigen Stärke, welche er gewirkt hat in Christo, da er ihn von den Toten auferweckt hat.«

Gott will diesen Kraftaufwand in deinem und meinem Leben zum Zuge kommen lassen. Hole ab die Siegesgnade! Nimm in Anspruch alles, was dir Gott anbietet.

Heißt das nun, dass ich in jedem Falle nach außen die Oberhand habe? Siege in meinem Leben können äußerlich oft ganz nach Niederlagen aussehen. Es kann wohl sein, dass ich äußerlich als der Dümmere erscheine, der um Jesu willen einen Vorteil fahren lässt. Und doch ist es Sieg. Sieg ist immer da, wo die Gnade zum Zuge kommt und wo der Ruhm Jesu vermehrt wird, wo einem Menschen liebend geholfen wird. Das ist Sieg Jesu. Äußerlich kann das dann manchmal so aussehen, als wäre es immer neu eine abgebrochene Siegeslinie. Golgatha sieht doch aus wie eine abgebrochene Siegeslinie: Der Herr ist erledigt. Und doch war gerade der Kreuzestod Jesu der Angelpunkt des Sieges Jesu. Und wie war es, als die Gemeinde anfing? Wieder wie eine abgebrochene Siegeslinie. Die

Gemeinde wurde zerstreut und verfolgt, sie verteilte sich in alle Lande. Wenn sie beieinander geblieben wäre in Jerusalem, wäre die Weltmission gar nicht zuwege gekommen. Aber dadurch, dass sie zerstreut wurde wie Saatgut in alle Welt, wurde das Evangelium verbreitet.

Ein anderes Beispiel: Der Vater von Oberkirchenrat Schmidt war Missionsdirektor. Er machte eine Weltreise in alle Missionsgebiete, und man erwartete viel von der Auswertung seiner Reise. Aber wenige Wochen nach seiner Reise starb Missionsdirektor Schmidt. Hatte Gott sich nicht vertan? Das Geld, die Zeit, alles war dahin. Er hatte die Missionsstationen besucht. Da nimmt Gott ihn hinweg. Das sieht aus wie eine abgebrochene Siegeslinie.

Und auch da, wo du Niederlagen hast, wo du kein Nachfolger, sondern nur ein Nachkriecher bist, auch da berge dich im Sieg Jesu. Nimm den Sieg in Anspruch. Das Entscheidende ist, dass du nur den Herrn nicht aufgibst, dich selber darfst du aufgeben, an dir selber getrost verzweifeln. Aber wer den Herrn aufgibt, hat keinen Anker der Hoffnung. Er ist Sieger, und wir durch ihn, selbst im Zerbrechen und Scheitern, auch in der abgebrochenen Siegeslinie. Gott kann aus Niederlagen Triumphe für sein Reich machen. Wenn ich schwach bin, bin ich stark, sagt Paulus, und als Jakob mit Gott gerungen hat, sagte Gott: Du hast mit Gott und Menschen gerungen und hast gesiegt. In Wirklichkeit ging er mit verrenkter Hüfte, k.o. geschlagen, davon. Aber dennoch war er Sieger, indem er betete: »Ich lasse dich nicht, du segnest mich denn.«

Der Glaube, das ist der Sieg, der die Welt überwindet, nicht die Leistung. Der Glaube ist die Gangschaltung, die den Sieg Jesu für unser Leben realisierbar macht.

Jesus siegt und wir durch ihn!

Das ist einmal ein Satz der Vergangenheit: Er hat gesiegt:

»Seitdem am Kreuz er ausgerungen, hat er zum Thron sich aufgeschwungen.«

Ja, Jesus siegt und wir durch ihn, das ist ein Satz der Verheißung. Er wird einmal der Endsieger sein. Er wird das letzte Reich bauen, er wird das letzte Wort haben, und dann hat es keiner mehr. Das ist die Aussage des Futurums.

Jesus siegt und wir durch ihn, das ist ein Angebot des Präsens, wie es der Italiener dort im Konzentrationslager erlebt hat. Da, wo ich selber keine Kraft mehr habe, darf ich seinen Sieg in Anspruch nehmen: Herr, du hast es selbst gesagt: »Meine Kraft ist in den Schwachen mächtig.« Und auch da, wo ich schlappmache, wo ich nicht durchgehalten habe, wo ich nicht unter der Geduld Christi geblieben bin, ist es das Allerwichtigste, dass ich nur bei Jesus bin.

Wenn du nur in ihm dich birgst und an ihn dich hältst und bei ihm Gnade abholst, auch wenn du dich selbst aufgibst; aber gib Jesus nicht auf. Er ist der Sieger!

Dass Jesus siegt, bleibt ewig ausgemacht,
sein wird die ganze Welt.
Denn alles ist nach seines Todes Nacht
in seine Hand gestellt.
Nachdem am Kreuz er ausgerungen,
hat er zum Thron sich aufgeschwungen.
Ja, Jesus siegt!

Ja, Jesus siegt, obschon das Volk des Herrn
noch hart darniederliegt.
Wenn Satans Pfeil ihm auch von nah und fern
mit List entgegenfliegt,
löscht Jesu Arm die Feuerbrände;
das Feld behält der Herr am Ende.
Ja, Jesus siegt!

Hörst du das? – Auch in deinem Leben möge es heißen: Ja, Jesus siegt!

Amen.

Allein auf Jesus blicken

Jugendgottesdienst am 7. Februar 1965

Predigttext: *Matthäus 17,1–8*

Meine Lieben!

Vor einiger Zeit ist eine wissenschaftliche Tagung in Schweden gewesen, und da hat ein Professor aus Schweden einen Vortrag gehalten, der durch die Presse ging. In diesem Vortrag hat er gesagt: Das Weltproblem Nr. 1 ist der Hunger! – Er hat das auch statistisch belegt. Er sagt: Im Jahr 2000 werden wir, wenn nicht besonders große Veränderungen bis dahin eintreten, ungefähr 5 Milliarden Menschen auf der Erde haben. Jetzt sind es 2.900 Millionen Menschen. Aber die Menschheit ist im letzten Jahr allein um 65 Millionen Menschen gewachsen. Dann wird die Frage vor uns stehen: Wie können wir diese stark bevölkerte Erde ernähren? Dieser Professor machte bestimmte Vorschläge, dass man noch viel mehr im Kampf gegen Tierkrankheiten und Pflanzenkrankheiten tun müsste, dass man die Fauna des Meeres noch mehr untersuchen und ausnutzen sollte zur Gewinnung von Nahrungsmitteln, dass man auf synthetische Weise noch mehr Nahrungsmittel erzeugen müsste, eine vernünftige Bevölkerungspolitik treiben sollte, usw. Das Weltproblem Nr. 1 sei der Hunger, sagte der schwedische Professor.

Nun denken wir einmal, es gelänge, die ganze Weltbevölkerung zu versorgen, so dass es keine Hungernden auf der Erde mehr gäbe, dass sie alle volle Schüsseln hätten, wäre dann das Weltproblem gelöst? Nein!

Das Weltproblem Nr. 1 löst nur Christus!, sagt das Neue Testament. Wobei wir die Frage nach der Ernährung der Weltbevölkerung gar nicht gering anschlagen wollen. Aber man kann bei vollen Schüsseln innerlich verhungern und verkommen. Was die Welt braucht, ist Christus. Natürlich braucht sie auch Brot und Bekleidung, Arbeit und Wohnungen.

Aber was die Welt braucht, ist Christus, und was der Mensch braucht, ist, dass ihm sogar in der ausweglosesten Situation seines Lebens immer noch das eine möglich ist, zu glauben und zu sagen:

»Und wenn mir gleich mein Herz zerbricht, so bist du doch mein' Zuversicht.«

Wenn einem nämlich sein Herz zerbricht, dann schmeckt ihm das Essen nicht mehr, dann interessiert ihn die Wohnungseinrichtung nicht mehr, dann interessieren ihn viele Fragen nicht mehr, dann bleibt nur noch die eine letzte Frage: Wie bin ich jetzt dran? Ich habe kürzlich ein Gedicht in einer amerikanischen Zeitschrift gelesen, ins Deutsche übersetzt. Da heißt es so:

Dies ist 1965, ich will alles sehen.
Ich will das Leben haben und es genießen.
Den Becher in einem Zug leeren,
Ich will Bewegungsfreiheit.
Sie werden mich sehen:

Am Kap Kennedy beim großen Raketenstart,
in der Wüste Gobi beim chinesischen Atombombenversuch,
in Edinburgh beim Festival,
bei den Bundestagswahlen in Bonn,
auf den Filmfestspielen in Cannes, Venedig und Berlin,
Ostern in Rom, auf der Messe in Leipzig.

Nichts davon hat Bedeutung.
Aber ich gehe hin,
auch ich bin selbst bedeutungslos …
tut mir Leid, aber ich muss laufen.

Das ist ein kennzeichnendes Gedicht für den Menschen unserer Zeit: Nichts davon hat Bedeutung, was ich mir dieses Jahr ansehen werde, ob in Cannes, Rom oder Berlin oder in Kap Kennedy. Auch bin ich selbst bedeutungslos. Aber ich muss laufen. Ich will es sehen. – Das ist der Mensch ohne Gott, ohne Ziel, ohne Sendungsbewusstsein, der ausgelaugte Mensch im Zeitalter der Masse.

Und nun sind wir bei unserem Text. Hier begegnet uns eine ganz andere Welt, die da ist. Jetzt widerfährt uns die Begegnung mit der heilen Welt Gottes, die für gewöhnlich unsichtbar ist. Aber hier in der Geschichte von der Verklärung Jesu wird für einen Augenblick, für eine Blitzlichtaufnahme gleichsam, von der Verklärung Jesu her deutlich, dass die andere Welt da ist, und da wird für einen Augenblick der Vorhang weggezogen. Wir wollen uns diese Geschichte in ein paar Blickrichtungen ansehen.

1. Zunächst ein Blick in die Seelsorge Gottes.

Es heißt hier: »Und nach sechs Tagen nahm Jesus zu sich Petrus und Jakobus und Johannes, seinen Bruder, und führte sie beiseits auf einen hohen Berg.« Das war ein Dreierteam innerhalb der zwölf Jünger, das Jesus besonders nahe stand, das Dreierteam Petrus, Jakobus und Johannes. Was heißt das: Nach sechs Tagen? Was war da passiert? Da hatte der Herr zum ersten Mal seinen Jüngern von seinem Weg zum Kreuz gesprochen: »Von der Zeit an fing Jesus an und zeigte seinen Jüngern, wie er müsste hin gen Jerusalem gehen und viel leiden von den Ältesten und Hohenpriestern und Schriftgelehrten und getötet werden und am dritten Tage auferstehen.«

Das hatten die Jünger noch nicht verkraftet, noch nicht verdaut. Für sie stand doch irgendwie fest: Dieser Weg Jesu endet mit einem endgültigen Triumph. Und jetzt auf einmal die Aussicht, dass der Weg Jesu am Marterkreuz enden wird? Darum steht hier: Nach sechs Tagen. Und dann geschieht diese Stunde der Verklärung. Wir tun dabei einen Blick in die Seelsorge Gottes. In Gottes Plan ist es terminmäßig eingeplant, dass nach der ersten Zumutung, die Gott den Jüngern Jesu widerfahren lässt, indem sie die erste Leidensankündigung Jesu hören, für sie eine Stärkung des Herzens, eine Stärkung der Schultern eingeplant ist, damit sie für die kommenden

Kämpfe und Belastungen doppelt gerüstet sind. Die Verklärung Jesu ist von Gottes Seelsorge zeitlich eingeplant, sie steht nicht irgendwie am Anfang des Lebens und Wirkens Jesu, sondern nach der ersten Leidensankündigung, vor der zweiten und dritten Leidensankündigung des Schmerzensweges nach Golgatha. Merken wir uns diesen Satz:

Wenn Gott uns eine Last auflegt, macht er vorher unsere Schultern stark.

Dafür ist die Verklärung Jesu ein Beispiel. Sie ist eingeplant in Gottes Führung als eine Stärkung der Jünger vor weiteren schweren Wegen. Wenn Gott uns eine Last zumutet, macht er vorher unsere Schultern stark.

Wie geschieht das? Indem er uns etwas lesen oder hören lässt oder Begegnungen mit Menschen haben lässt, die für uns nötig sind, damit wir das, was nun eintritt, bestehen und uns darin bewähren können. Das kann man nicht im Einzelnen wie auf Logarithmentafeln beweisen und ablesen, das kann man aber innerlich für sein eigenes Lebens überschauen: Hättest du vorher damals diesen bestimmten Menschen nicht getroffen, wäre jener Brief nicht gekommen, hättest du jene bestimmte Erfahrung nicht gemacht, hättest du nicht diese Geschichte gelesen oder gehört, jene Predigt nicht gelesen oder gehört, dann hättest du nicht so innerlich gewappnet die folgenden Aufgaben und Zumutungen Gottes ertragen können. Ehe Gott uns eine Last auflegt, macht er unsere Schultern stark.

Ein Blick in die Seelsorge Gottes, einfach schon in der zeitlichen Festlegung: Nach sechs Tagen gingen sie auf einen hohen Berg, und der Herr ward verklärt vor ihnen. Ehe Gott eine Last auflegt, macht er die Schulten stark. Hätten wir irgendetwas, was wir jetzt erlebt haben, drei Jahre vorher erlebt, hätte es uns vielleicht aus der Bahn des Glaubens geworfen. Nun aber lässt Gott es geschehen, nachdem er uns vorbereitet hat.

Wie getrost dürfen daher Menschen, die mit Jesus rechnen, in jede neue Lage gehen, da sie um die Vorbereitung Gottes wissen.

2. Ein Blick auf die Endgestalt Jesu Christi.

»Und er war verklärt.« Hier ist das Wort »Metamorphose« gebraucht, Verwandlung, Gestaltverwandlung. Sie sahen den Herrn in seiner endgültigen Herrlichkeitsgestalt. Er ward verherrlicht vor ihnen, verklärt in die Endgestalt, für einen Augenblick. Er war ja sonst in den Jahren des Zusammenseins mit den Jüngern wie ein anderer Zeitgenosse, er ging mit ihnen im Gewand des morgenländischen Zeitgenossen, er aß mit ihnen, schlief bei ihnen, redete mit ihnen usw. Für einen Augenblick wird der Vorhang weggetan, und Jesus erscheint in seiner endgültigen Gestalt. Sein Angesicht leuchtet wie die Sonne, sein Gewand, wie kein Mensch es färben und weiß machen kann. Und dazu schildert die Offenbarung noch mehr von der Herrlichkeitsgestalt Jesu. Seine Augen sind wie Feuerflammen, aus dem Munde geht ein zweischneidiges Schwert, seine Füße wie Messing, das im Ofen glüht. Das bedeutet, die Gewalt Jesu wird alle widergöttlichen Mächte unter seinen Füßen zerstampfen. Wir haben keinen Jesu Christus, der Vorsitzender eines frommen Vereins ist, sondern er ist der Herr der Welt, der *kyrios* der Ewigkeit. Und in dieser Ewigkeit sahen sie ihn für einen Augenblick. Das ist die Stärkung von Gott. Sie werden hören, was Jesus ihnen noch sagt, sie werden sehen, dass der Heiland der Welt verleugnet, verraten wird, bespien wird, gekreuzigt wird – und Gott schweigt –, dass er schreien wird am Kreuz: Mein Gott, warum hast du mich verlassen? Und dass das Gespött der Leute und der Kriegsknechte heißt: »Hilf dir nun selber und steig herab vom Kreuz!«

Das alles müssen sie erleben, darum werden sie vorher gestärkt, darum werden ihre Herzen von Gott gestärkt, indem sie einen Blick tun dürfen auf den verherrlichten Christus. Wenn Gott uns eine Last zumutet, macht er vorher unsere Schultern stark. Er schenkt den Jüngern einen Blick auf die herrliche Endgestalt Jesu Christi. Kurze Zeit später war Jesus wieder unter ihnen ein Zeitgenosse im morgenländischen Gewand des Wanderpredigers und Lehrers. Aber für einen Augenblick sahen sie ihn in seiner Glorie.

3. Ein Blick auf die beiden Vertreter der vollendeten Gemeinde.

Mose und Elia erscheinen ihnen und reden mit Jesus. Sie unterhalten sich mit Jesus über den Ausgang, den er nehmen sollte zu Jerusalem am Kreuz auf Golgatha. Die Jünger bekommen sogar etwas zu hören, was ihnen nochmals eine Bestätigung und Stärkung ist. Sie hören, der Weg wird dunkel, aber sie hören auch, das ist ewiger Ratschluss Gottes, nicht eine Panne, gleichsam ein Verkehrsunfall, nicht eine Misere im Leben Jesu. Das ist von langer Hand her gewollter und geplanter Abschluss des Lebens Jesu durch die Liebe Gottes.

Gott sorgt dafür, dass diejenigen Menschen, die du brauchst, die Bücher, die du brauchst, die Zitate, die du brauchst, die Erkenntnisse, die du brauchst, zur rechten Zeit in deinem Leben eintreffen.

Mose und Elia sind die Vertreter der vollendeten Gemeinde. Mit anderen Worten: Die Gemeinde der im Herrn Entschlafenen lebt und nimmt Anteil am Weg Jesu Christi, am Weg der Gemeinde, am Weg des Reiches Gottes auf dieser Erde. Mose und Elia unterhalten sich mit dem Herrn über den Ausgang, den er nehmen sollte auf dieser Erde.

Ob die vollendete Gemeinde uns jetzt wohl sieht? Ich bezweifle es nicht. Ob Vertreter der vollendeten Gemeinde, der Gemeinde der Vollendeten, unsere Wege betend, frohlockend, segnend und wartend begleiten? Ich bezweifle es nicht. Das war etwas für Zinzendorf so Kostbares, die Gemeinschaft mit der oberen Schar, die wir zwar nicht von uns aus erreichen können, aber wir dürfen im Glauben wissen: Wir haben eine Wolke von Zeugen, die auf uns sieht mit innerster Beteiligung. Das ist die beteiligte Gemeinde der im Geist Vollendeten, die mit uns wartet auf den Tag Jesu Christi, wo wir angetan werden mit dem Auferstehungsleib.

Deshalb redet das Neue Testament von der Schar der Geister der vollendeten Gerechten, darum betet Stephanus: »Herr Jesu, nimm meinen Geist auf.« Das Geistesleben Christi in uns stirbt nicht mit dem Tode, sondern geht direkt in den Warteraum der Gemeinde. »Heute wirst du mit mir im Paradiese sein«, verspricht Jesus dem

Schächer. Du kommst nicht in ein dunkles Verlies. Heute noch wirst du mit mir im Paradiese sein! Halte dich dran!

Ein Blick zu den Vertretern der vollendeten Gemeinde.

4. Ein Blick auf die drei Jünger.

Petrus ist ja immer der Wortführer. Er sagt auch jetzt: »Hier ist gut sein. Lasset uns drei Hütten machen.« Ach, ich kann Petrus so gut verstehen, der ist mir so sympathisch. Er möchte die Stunde festhalten, er möchte nicht mehr herunter vom Berge, er möchte, dass dieser ganze Abschnitt, von dem Jesus geredet hat, ausgestrichen wird. Hier auf dem Berge bleiben, und von hier aus sofort in die ewige Herrlichkeit. Hier drei Zelte bauen, hier wohnen! Kennst du das, dass du unter einer Predigt oder in der Stillen Zeit oder in der Gemeinde mit anderen Glaubenden oder beim Lesen eines gesegneten Buches oder unterwegs in einer schönen Landschaft auf einmal gesagt oder gedacht hast: Wenn ich jetzt nicht zurückmüsste in die Verhältnisse, die mich fordern in Haus und Beruf, wenn ich jetzt nicht in den Kleinkram und Kleinkampf des Alltages zurückmüsste. Das singt auch ein Dichter:

> *»Könnt' ich an diesen hellen Thronen*
> *doch schon von heut' an ewig wohnen!«*

Vielleicht war es eine Glaubenskonferenz oder eine gesegnete Freizeit, wo man so gedacht hat: Wenn man jetzt nur nicht zurückmüsste. Aber der Herr mutete es dir zu: Aus der Verklärung in die Bewährung, dass man vom Berg der Verklärung ins Tal der Bewährung muss. Wir sind ja nicht immer auf dem Wellenberg. Wellenberge und Wellentäler sind in der Gnade der Erziehung Gottes für dich da. Im Wellental ist er dir genau so nahe wie auf dem Wellenberg.

Das lernen wir von den drei Jüngern: Hier möchten wir bleiben, nicht mehr zurück, nicht mehr in den Kampf. In die Herausforderungen! Jesus aber sagt: Stehet auf und fürchtet euch nicht. Das ist nun der letzte Blick:

5. Ein Blick auf den Herrn.

Er wird den Jüngern nun wieder zurückgeschenkt in seiner menschlichen, irdischen Gestalt. Er rührt sie an und spricht: »Stehet auf und fürchtet euch nicht! Da sie aber ihre Augen aufhoben, sahen sie niemand denn Jesum allein.« Da sind wir wieder beim Thema des Anfangs. Das Problem Nr. 1, das, was die Welt braucht, was du brauchst, was ich brauche, ist Christus, da ist diese eine Sicht zu Christus hin, das Rechnen mit ihm, das Hören auf ihn, das Gott selbst befohlen hat: »Das ist mein lieber Sohn; den sollt ihr hören«, nicht auf deine Stimmungen, nicht auf die Prognosen der Menschen. Hast du heute Morgen schon gehört in der Frühe? Es war ein herrliches Losungswort: »Gottes Ratschlüsse von alters her sind treu und wahrhaftig.« Geh mal dein Leben durch. Gottes Ratschlüsse sind treu und wahrhaftig.

Jesus rührt sie an und sagt: Nicht liegen bleiben! Nicht in frommen Träumen hängen bleiben! Stehe auf! Fürchte dich nicht! – Und sie sahen niemand als Jesus allein.

Noch einmal die fünf Blickrichtungen:

1. Ein Blick in die Seelsorge Gottes. Wenn Gott uns Lasten zumutet, macht er vorher unsere Schultern stärker. Damit dürfen wir rechnen, wenn wir es auch nicht beweisen können, wir können es aber erfahren. Das ist Tatsache.

2. Ein Blick auf den Herrn in seiner endgültigen Gestalt. Er ist der König, der Fürst der Ewigkeit.

3. Ein Blick auf die beiden Gestalten der vollendeten Gemeinde. Das ist die Gemeinde der Vollendeten, die betend, frohlockend, segnend und wartend Anteil nimmt am Weg der Gemeinde auf dieser Erde und an deinem und meinem Weg.

4. Ein Blick auf die drei Jünger. Hier ist gut sein! Nicht mehr zurück! Nicht mehr in die Herausforderung! Nein, sagt der Herr, sondern es geht aus der Verklärung in die Bewährung.

5. Ein Blick auf Jesus allein. Er rührt sie an: Steht auf! Fürchtet euch nicht. Das heißt, dass wir da, wo viel Grund zum Fürchten ist, doch unter der Weisung leben: Fürchte dich nicht!, unter dem

Zuspruch Jesu: Fürchte dich nicht!, im kerzengeraden Blick des Glaubens auf den Herrn. Das ist Bewährung nach der Verklärung, und so heißt es in einem Liedervers:

Drum blick nur auf ihn!
O seliger Gewinn!
Mein Jesus liebt mich ganz gewiss,
das ist mein Paradies!

Amen.

Die vierfache Gnade

Jugendgottesdienst am 7. März 1965

Predigttext: *Johannes 1,43-51*

Meine Lieben!

Hier ist eine Geschichte, die uns als Beispiel dient, wie Jesus selbst Menschen gewinnt. Wir als seine Mitarbeiter sind ja nur die von ihm gebrauchten Werkzeuge. Er gewinnt sich seine Nachfolger selber, so wie Bezzel sagt: »Gott gebiert sich seine Kinder selber.« Wir dürfen mit Hand anlegen und mit sehen, wie er sein Reich baut und seine Gemeinde sammelt. Und nun wollen wir die einzelnen Phasen uns kurz deutlich machen, wie Jesus Menschen für sich gewinnt.

Mir ist ein Vierfaches dabei aufgegangen, eine vierfache Gnade:

1. Die Vorbereitungsgnade
2. Die Berufungsgnade
3. Die Bekenntnisgnade
4. Die Erfahrungsgnade.

1. Die Vorbereitungsgnade

Wir greifen jetzt mitten in den Text hinein. Jesus sagt zu diesem Nathanael, diesem sympathischen, skeptischen jungen Menschen, der seinen redlichen Zweifel gegenüber Philippus ausspricht: Ehe dich Philippus rief, sah ich dich schon unter dem Feigenbaum. Der Feigenbaum ist im Morgenland eine Schatten spendende Stelle, die beliebt ist, so dass man unter den Zweigen dieses Feigenbaumes liest, meditiert, auch im kleinsten Kreis beratschlagt und zusammenkommt als Schutz vor der glühenden Sonne. Auch der Nathanael hatte da vielleicht schon eine Zeit lang gelesen und sich mit den Fragen um Christus befasst oder vielleicht auch mit philosophischen Ideen und Gedanken, oder er hatte vielleicht eine Stunde des

Grübelns und Zweifelns gehabt. Dieser eine Satz spricht Bände: »Ehe denn dich Philippus rief, da du unter dem Feigenbaum warst, sah ich dich.« Vor der Berufungsgnade kommt die Vorbereitungsgnade, die *gratia praeveniens*, wie unsere Väter sagten, oder die vorlaufende Gnade. Was hat diese Vorbereitungsgnade an uns gearbeitet, ehe wir den Ruf des Evangeliums hörten. Zu dieser vorbereitenden Gnade Christi im Leben derer, die er für sich gewinnen will, gehört schon die Generationenkette der Vorfahren, von den Eltern angefangen und darüber hinaus. Wer von unseren Vorfahren mag schon die Hände für uns gefaltet haben, ohne dass wir das je erfahren haben! Und zu welchen Generationen vor uns mag Gott schon gesprochen haben: Ich will die segnen, die in meinem Wort wandeln, bis ins tausendste Glied. Gewiss, es gibt auch eine Verhängniskette, von der Gott sagt, dass er bis ins dritte und vierte Glied strafen will. Aber wie wunderbar, dass Gott das Verhängnis in geringerem Maße bedenkt als die Segenskette. Der Segen soll bis ins tausendste Glied reichen. Von diesem Übergewicht des Segens leben wir alle.

Wie wunderbar, dass Gottes Vorbereitungsgnade auch die Zusammensetzung unserer familiären Herkunft, das Elternhaus, Eindrücke und Begegnungen in Kindheit und Jugend und reiferen Lebensjahren gebraucht. Und hier gilt der Satz: Gott sorgt dafür, dass diejenigen Menschen, die wir brauchen, zur rechten Zeit in unserem Leben erscheinen. Damit ist nicht gesagt, dass er unbedingt dir nur christusgläubige Menschen in den Weg stellt. Es kann auch sein, dass er dir Menschen in den Weg stellt, die ganz unreligiös sind, die ganz vorbeigehen an der Botschaft Jesu, und dass Gott dir doch dadurch etwas eindrücklich macht, was ein Stück Vorbereitung für deinen Ruf bedeutet.

Ich habe zum Beispiel als Junge von sieben Jahren zum ersten Mal einen Betrunkenen gesehen. Das vergesse ich nie. Ich ging mit meinem Vater daher, da lag ein Betrunkener auf der Straße. Ich dachte zuerst, der wäre krank, und ich fragte meinen Vater. Mein Vater sagte, der ist betrunken. Was ist das, Vater?, fragte ich, und der erklärte es. Von da an habe ich einen solchen Abscheu gegen den Alkoholismus und alle Besäufnisse niederer und höherer Art, dass es mir bis heute noch in den Knochen steckt, und ich weiß auch als Pastor von dem Herzeleid, das durch den Alkoholismus in manche Familien gekommen ist. Da hat Gott ein ganz kleines Kindheitserlebnis gebraucht, um bei mir eine Weiche zu stellen, hier hat er etwas gebraucht, was im abstoßenden Sinne wirksam war. Aber ich denke auch an ein anderes Erlebnis. Wir spielten als Kinder in der Feldstraße. Ich war plötzlich einmal heraufgekommen und suchte meine Mutter. Schließlich fand ich sie im Schlafzimmer. Sie war am Bett niedergekniet und betete, mitten im Alltag. So etwas vergisst man nie. Das gehört mit zur vorlaufenden, vorbereitenden Gnade. Und so könnte ich Namen von alten Freunden der Kindheit und der Jugend nennen, väterliche und mütterliche Freunde, Verwandte, Lehrer, Berater, Jugendwarte, auch Menschen aus der Nachbarschaft, die Gott gebraucht hat als Vorbereitungsgnade für mich.

»Ehe denn dich Philippus rief«, sagt der Herr, »da du unter dem Feigenbaum warst, sah ich dich.« Und er sah uns, ehe wir geboren wurden, und er wusste um uns, und ein geheimnisvoller Plan ist über deinem und meinem Leben. So heißt es im Psalm: »Deine Augen sahen mich, da ich noch unbereitet war, und alle Tage waren auf dein Buch geschrieben, die noch werden sollten, als derselben keiner da war.«

Das ist nicht im Sinne eines schicksalhaften Kismet gemeint, sondern im Sinne eines geheimnisvollen Vorbereitungsplanes.

Eh' ich durch deine Hand gemacht,
da hast du schon bei dir bedacht,
wie du mein wolltest werden.

Die Vorbereitungsgnade. – Wie schön wäre das, wenn wir heute über Tag uns einige Augenblicke Zeit nehmen würden und Rückschau hielten: Welche Menschen, welche Führungen, welche Begegnungen und Erlebnisse im heimsuchenden wie im segnenden Sinne hat Gott gebraucht, um uns reif zu machen für das Zweite.

2. Die Berufungsgnade

Die Berufungsgnade ist jene Gnade, die den Ruf des Evangeliums zu uns kommen lässt. Wir hatten gestern Abend einen vollbesetzten Eltern- und Jugendabend des CVJM-Ost mit dem eindrücklichen Verkündigungsspiel über die Geschichte vom großen Abendmahl. Der Herr hatte zu diesem Mahl als Gastgeber eingeladen. Und nun gehen sie hin, die Eingeladenen, die schon vorweg eine Einladung bekommen hatten, und entschuldigen sich, der König und der fromme Schriftgelehrte und der Reiche und der Facharbeiter, alle miteinander, und der eine sagt: Ich bin zu jung, und der andere: Ich bin zu alt, zu beschäftigt, und so weiter. Ihnen war die Berufungsgnade zuteil geworden. Aber nun sehen wir in dieser Geschichte, wie verschieden sie antworten.

Und wir sehen an unserem Predigttext, wie mannigfaltig Gott vorgeht: Den einen beruft er direkt durch den Ruf des Wortes, wie hier den Philippus. Als Jesus den Philippus sah, sprach er: Folge mir nach. Und Philippus stand auf und folgte Jesus nach und wurde zugleich ein Bote für den nächsten. Philippus trifft Nathanael und spricht zu ihm: Wir haben den Messias gefunden. Und dann folgt das Gespräch, in dem Nathanael seinen Zweifel ausspricht. Aber Nathanael kommt schließlich doch zu Jesus und zum Glauben, und er kommt dadurch, dass Gott Menschen als Brückenbauer braucht. Also die Art, wie Gott den Einzelnen ruft, ist ganz verschieden. Der Philippus wird direkt durch das rufende Wort getroffen, und er stand auf und folgte Jesus nach. Wir kennen auch andere, die so unmittelbar gerufen wurden: Die Lydia, von der in Apostelgeschichte 16 berichtet wird. Als sie bei einem Gottesdienst die Predigt des Paulus hörte, heißt es von ihr: »Dieser tat der Herr das Herz auf, dass sie darauf acht hatte, was von Paulus geredet ward.«

Sie wird gerufen nur durch das verkündigte Wort ohne seelsorgerliche menschliche Vermittlung.

Gott kann auch ganz anders rufen. Ich denke an einen jungen CVJMer, der beim Baden in der Fuelbecker Talsperre an einem heißen Sommerabend miterlebte, wie einer seiner Freunde vor seinen Augen ertrank. Sie waren erhitzt und hätten gar nicht baden dürfen. Der junge Freund, der ertrank, war ein gläubiger Christ, und der andere stand noch in der Ablehnung dem Evangelium gegenüber. Als dieser nun erleben musste, wie trotz aller Versuche, noch zuzugreifen, nichts mehr zu machen war – der junge Freund hatte einen Herzschlag bekommen, als er da in das Wasser lief – da ging es ihm durch den Sinn: Wärst du bereit gewesen, wenn du jetzt dran gewesen wärest? Da wurde dies für ihn die Stunde des Glaubens. Er ist heute ein aktiver Mitarbeiter im Reiche Gottes. Das braucht nicht immer im Gotteshaus zu geschehen, und nicht nur an der Talsperre, nicht nur bei einem eingreifenden Geschehen. Gott hat mancherlei Wege der Berufungsgnade. Es ist nur wichtig, dass wir den Ruf hören und dass er sich tief bei uns einsenkt.

Philippus hörte ihn in Form der direkten Verkündigung: »Folge mir nach!« Bei der Lydia geschah es in der versammelten gottesdienstlichen Gemeinde, bei dem jungen Mann am roten Strich des Todes, durch ein erschütterndes Jugenderlebnis, und hier bei Nathanael durch den Brückenbau eines brüderlichen Gespräches. Philippus kann nicht schweigen, der Glaube kann nicht schweigen, und er sagt zu Nathanael: Wir haben den Messias gefunden. Im Grunde sind die Lobgesänge der Christenheit, auch wenn sie nicht wörtlich den Ausdruck enthalten: »Wir haben gefunden«, doch immer ein neues Lobsingen des: »Wir haben«:

Wir haben eine Speise,
der Welt hier unbekannt ...
Wir haben eine Quelle,
die niemals je versiegt ...
Wir haben Glück, das leuchtend
und unbeschreiblich ist,
wir haben alles, alles in dir,
Herr Jesu Christ.

Oder:

Ich habe nun den Grund gefunden,
der meinen Anker ewig hält.

Oder:

Wenn wir dich haben,
kann uns nicht schaden
Teufel, Welt, Sünd' oder Tod.

Immer dieses: Wir haben, nicht im Sinne, dass ich es in der Tasche habe, dass ich darüber verfügen kann wie über mein Portmonee, aber in dem Sinne, dass es mich hat und ich davon überwunden bin.

Es ist etwas Herrliches, wie einer dem anderen ein Bote wird. Der Glaube kann nicht schweigen. Berufungsgnade führt dazu, dass einer, der den Ruf gehört hat, es dem Nachbarn sagt.

Aber auch hier gibt es zunächst ein Gespräch: Was kann aus Nazareth Gutes kommen? Gott führt nicht jeden auf direktem Weg in die Nachfolge. Bei manchem geht es durch das diskursive Gespräch, durch Fragen und Antworten. Ich denke an ein Mädel, das in einem Behördenbetrieb angestellt war. Eine ihrer Kolleginnen ging schon seit Jahren in einen Jugendkreis. Sie hat dieses Mädel immer wieder eingeladen: Kommst du nicht mit in den Kreis? Und immer wieder: Nein, keine Lust, keine Zeit, Stenokursus und so weiter. Und nach eineinhalb Jahren sagte das Mädel: Gut, morgen will ich mal mitkommen – nur mit dem geheimen Gedanken, dann brauche ich mal nicht in den Kursus. Aber an diesem Abend fiel bei ihr die Botschaft auf ein fruchtbares Herz. Sie ist heute eine ganz treue Mitarbeiterin. Gott hat das treue, ganz schlichte, feine menschliche Einladen gebraucht, ein Einladen von eineinhalb Jahren. Das ist die Zwischenschaltung des geschwisterlichen Brückenschlags. Wir merken, Gott macht gar keine Schablonen: Im Gottesdienst, im geschwisterlichen Gespräch, im Bibelkreis ... Aber auch da ist es wie bei einem Wasserspiel, wo es durch mancherlei Terrassen läuft, bis das Wasser des Lebens mich erreicht, bis ich es erkenne als den lebendigen Brunnen, den ich suche.

Berufungsgnade – davon spricht auch Luthers Erklärung: Der Heilige Geist hat mich durch das Evangelium berufen.

3. Die Bekenntnisgnade

Die Vorbereitungsgnade, die Gleise legt, die Begegnungen und Ereignisse hineinstreut in unser Leben, die uns reif macht für die Berufungsgnade – die Berufungsgnade, die dazu führen will nach Gottes Willen, dass es zur Bekenntnisgnade kommt.

Der Ruf kommt auch heute zu dir. – Was wird deine Antwort sein? Was ist die Antwort des Nathanael nach dem Gespräch? »Rabbi, du bist Gottes Sohn, du bist der König von Israel!« Jesus hatte Nathanael einen echten Israeliten genannt, und dieser echte Israelit nennt Jesus mit den Worten und Titeln, die das Alte Testament dem Volke Israel verheißt, mit dem uns so geläufigen Wort und Titel: Du bist Gottes Sohn. Das ist Bekenntnisgnade, dass einer das von Herzen sagen kann: Du bist Gottes Sohn. Das hat auch Thomas, der Zweifler, gesagt. Er war wie Nathanael ein skeptischer Mensch. Thomas hatte, nachdem die Jünger ihm das Ostererlebnis berichtet hatten, gesagt: Es sei denn, dass ich meine Hände in seine Nägelmale lege, sonst will ich's nicht glauben. Und da geschieht es denn, dass der Herr sich ihm bezeugt, und Thomas spricht das Wort aus: »Mein Herr und mein Gott!«

Das ist Bekenntnisgnade: Mein Herr und mein Gott!

Da kann man keine langen Worte machen, wenn es zu diesem Ja kommt. Ich habe das einmal erlebt auf einer großen Bibelfreizeit in Berlin, dass ein erwachsener Mann während der Bibelarbeit aufstand und sagte: »Ich muss es eben heraussagen, entschuldigen Sie: Herr, ich danke dir, dass ich dein Kind bin.« Das ist Bekenntnisgnade, dass ich einmal mit Willen vor Gott und vielleicht auch vor Menschen das öffentlich sage: Du bist wahrlich Gottes Sohn.

Dieser Monat ist ja der Konfirmationsmonat. Im Grunde handelt es sich ja bei der Konfirmation auch um Bekenntnisgnade und Bestätigungsgnade, dass man als ein als Kind getaufter und inzwischen unterwiesener Mensch nun das Bekenntnis vor Gott und

Menschen ablegt. Wenn es nur bei der Sitte bliebe, so wäre es schade. Aber es kann ja ein wirklicher Tag der Versiegelung sein. Ich glaube, das heißt: Ich gelobe mich dir, dem Vater, und dir, dem Sohne und Herrn Jesus Christus, und dir, dem Heiligen Geiste, an. Das heißt es doch, wenn ich bekenne: Ich glaube an Gott den Vater, und an Jesus Christus, und an den Heiligen Geist. Es heißt nicht: Ich halte neben 26 anderen Sätzen auch das für wahr, auch noch diesen 27. Satz, so dass es nur eine Akklamation des Verstandes ist, sondern es bedeutet: Ich gelobe mich dir an. Der Glaube lebt von seinem Gegenstand. Das ist die Bekenntnisgnade.

4. Die Erfahrungsgnade

Was sagt Jesus?: »Du wirst noch Größeres denn das sehen.«

Und spricht zu ihm: »Wahrlich, wahrlich ich sage euch: Von nun an werdet ihr den Himmel offen sehen und die Engel Gottes hinauf- und herabfahren auf des Menschen Sohn.« Das ist nicht gemeint im optischen Sinne, fotografierbar, sondern geistlich, glaubensmäßig. Wer den Herrn aufnimmt in sein Leben unter dem Ruf des Evangeliums, der erfährt Größeres, als er je erfahren hat. Und er steht unter dem offenen Himmel. Das ist dann Kindschaft Gottes. Da ist die Wand weg. Da ist das Herzensgespräch mit dem Vater mit dem Mut, nichts zu verschweigen. Da lebt man unter dem Zuspruch der frohen Botschaft. Da ist Unmittelbarkeit im Gebet und Glauben, von dem Löhe gesagt hat: »Der verborgene Umgang mit Gott, das ist meine Wonne, bis ich sterbe.«

Und da erlebt man Engelsdienste. Da darf sich einer trösten, dass über seinen Fleiß und seine Intelligenz hinaus unter der Führung Gottes noch andere Gestalten mitwirken, die führend und hemmend und korrigierend und erlaubend und segnend und reif machend in unser Leben eingreifen. Das ist der Dienst der heiligen Engel, dass in der rechten Stunde Menschen uns begegnen, Ereignisse eintreten, Zusammenführungen kommen. Gottes Wort sagt viel darüber. Was für reiche Leute sind wir doch, dass wir Erfahrungsgnade empfangen dürfen, dass wir Erfahrungen mit unserem Herrn machen können, dass das Wort wie grünes Licht vor uns steht: Noch Größeres! Er hat noch mehr, was er dir geben will. Rilke spricht das einmal so aus: Ich lebe mein Leben in wachsenden Ringen. Der Glaubende weiß: Die Gnadenringe wachsen auch, und zwar nicht um die Dinge herum, wie Rilke sagt, sondern die Gnadenringe wachsen um Christus herum. Christus will erweitert werden in den Erfahrungsringen deines Glaubens.

Damit will ich schließen:

Vorbereitungsgnade,
Berufungsgnade,
Bekenntnisgnade,
Erfahrungsgnade.

Wie hat Kohlbrügge gesagt? »Deine Augen werden es sehen, dass der Herr ein Wahrmacher seiner Verheißungen ist.« Nehmt es mit in den Tag:

Deine Augen werden es sehen, dass der Herr ein Wahrmacher seiner Verheißungen ist.

Das gilt ganz praktisch.

Wir dürfen wissen: Du wirst noch Größeres sehen.

Glaubst du das? Glaubst du ihm?

Amen.

Dein Wort ist wahr und trüget nicht
und hält gewiss, was es verspricht
im Tod und auch im Leben.

Du bist nun mein
und ich bin dein,
dir hab ich mich ergeben.

Aufstellbücher – die originelle Geschenkidee

Merkzettel, Terminkalender, Notizen – sie erinnern daran, was wir noch alles zu erledigen haben. Doch oft vergessen wir dabei das Wichtigste: innezuhalten und tief durchzuatmen. Gut sichtbar auf dem Schreibtisch oder in der Küche platziert, helfen diese Aufstellbücher, sich immer mal wieder für einen kurzen Moment aus dem Alltagstrubel auszuklinken. 120 Mut machende Texte begleiten durch das ganze Jahr. Ein Kalendarium gibt es nicht, damit man jeden Spruch so lange stehen lassen kann, wie man ihn vor Augen haben möchte.

Je 120 Seiten, Ringheftung, Format: 10,5 x 7,6 cm

Corrie ten Boom

Jesus ist ein wunderbarer Name

ISBN 3-417-24421-8
Best.-Nr. 224.421

Alexa Länge (Hrsg.)

Wir leben von der Freude

ISBN 3-417-24422-6
Best.-Nr. 224.422

Dietrich Bonhoeffer

Texte der Geborgenheit

ISBN 3-417-24423-4
Best.-Nr. 224.423

Ulrich Eggers (Hrsg.)

Gelassen durch den Tag

ISBN 3-417-24424-2
Best.-Nr. 224.424

Lassen Sie sich daran erinnern: Gott ist Ihnen nah. Unter seinem Schutz sind Sie geborgen. Sie können Ihre Sorgen und Zweifel ablegen. Lassen Sie sich Gottes Verheißungen zusprechen, mit Worten des bekannten Liederdichters und Schriftstellers Jochen Klepper und des Urgesteins Pfarrer Deitenbeck! Auch wenn unsere Welt sich rasant verändert: Gott ändert sich nicht. Was er uns versprochen hat, das hält er.

Jochen Klepper

Er ist mir täglich nahe

ISBN 3-417-24447-1
Best.-Nr. 224.447

Paul Deitenbeck

Haltbares

ISBN 3-417-24448-X
Best.-Nr. 224.448

Die Geschenkhefte

Es gibt unzählige Gelegenheiten, zu denen Gemeindemitarbeiter und Pfarrer inspirierende und segensreiche Wünsche weitergeben möchten. Ob als Gratulation zum Geburtstag, als kleine aufmerksamkeit zu feierlichen Anlässen, als Zuspruch und Trost für Kranke und Einsame – diese farbenprächtig illustrierten Hefte sind eine Gabe, die von Herzen kommt. Durch den warmen Stil der Texte fühlt sich der Beschenkte persönlich angesprochen und in seiner Situation verstanden. Als besonderes Extra lässt sich die hintere Umschlagseite wie eine Karte heraustrennen und aufstellen.

Monika Deitenbeck-Goseberg

Freude, die mein Herz berührt

Segenswünsche zum Geburtstag

ISBN 3-417-21724-5
Best.-Nr. 221.724

Monika Deitenbeck-Goseberg

Und auf einmal war ein Leuchten

Segenswünsche zur Weihnachtszeit

ISBN 3-417-21726-1
Best.-Nr. 221.726

Gerhard Brüning

Wo ich auch bin, du bist bei mir

Segenswünsche für Krankheitstage

ISBN 3-417-21725-3
Best.-Nr. 221.725

Claudia Filker

Du hast gute Wege für mich

Segenswünsche für alle Tage

ISBN 3-417-21723-7
Best.-Nr. 221.723

R. BROCKHAUS VERLAG WUPPERTAL